Gudrun Mebs • Harald Lesch

Philosophie ist wie Kitzeln im Kopf

© Fabiano Busdraghi

Gudrun Mebs arbeitete nach ihrem Schauspielstudium zunächst viele Jahre beim Theater. 1980 begann sie zu schreiben. Seitdem sind viele Bücher, Drehbücher, Hörspiele, Radioserien entstanden und ihre Lesereisen führten sie rund um den Globus. Die vielfach preisgekrönte Autorin erhielt u.a. den Deutschen Jugendliteraturpreis, das Bundesverdienstkreuz und den Bayerischen Verdienstorden. Heute lebt sie mit ihrem Mann und vielen Katzen in München und in Italien.

© Thomas K. Schumann/ c/o ZDF Bilderdienst

Harald Lesch ist Professor für Theoretische Astrophysik am Institut für Astronomie und Astrophysik der Universität München, Fachgutachter für Astrophysik bei der DFG und Mitglied der Astronomischen Gesellschaft. Einer breiteren Öffentlichkeit ist er durch die im bayerischen Fernsehen laufende Sendereihe »alpha-Centauri« bekannt. Seit September 2008 ist er Nachfolger von Joachim Bublath in der ZDF-Reihe »Abenteuer Forschung«.

Gudrun Mebs • Harald Lesch

Philosophie ist wie Kitzeln im Kopf

Mit Illustrationen von
Catharina Westphal

cbj

cbj ist der Kinder- und Jugendbuchverlag
in der Verlagsgruppe Random House

Verlagsgruppe Random House FSC® N001967
Das für dieses Buch verwendete FSC®-zertifizierte
Papier *Tauro Offset* liefert die Papier Union GmbH.

Gesetzt nach den Regeln der Rechtschreibreform

1. Auflage
© 2013 cbj, München
Alle Rechte vorbehalten
Lektorat: Paula Peretti
Umschlagabbildung und Innenillustrationen: Catharina Westphal
Umschlaggestaltung: init | Kommunikationsdesign, Bad Oeynhausen
Ku · Herstellung: kw
Satz: KompetenzCenter, Mönchengladbach
Reproduktion: Reproline Mediateam, München
Druck und Bindung: Print Consult, München
ISBN 978-3-570-15621-6
Printed in Czech Republic

www.cbj-verlag.de

Inhalt

Jetzt erzähl ich erst mal was von uns!

Ida heiße ich und ich habe nicht bald Geburtstag. Das sag ich bloß, weil ich mir an meinem letzten Geburtstag einen Professor gewünscht habe, der mir mal was erzählt vom Himmel und der Erde. Den habe ich tatsächlich gekriegt und Lucas und Tim und Lisa und Celia auch. Weil die auch neugierig waren und weil ich so stolz war auf meinen Geburtstags-Professor und ... na ja, weil ich auch ein bisschen mit ihm protzen wollte.

Lisa ist unsere Klassenbeste und eine ziemliche Streberin, aber abschreiben darf man bei ihr immer. Celia ist ihr kleines Kindergarten-Schwesterchen und ihr Klotz am Bein, wie sie sagt. Weil sie immerzu auf sie aufpassen muss, ihre Eltern haben halt keine Zeit. Drum ist Celia immer dabei, ich finde das schön, die Kleine ist so lieb, meistens jedenfalls.

Lisa findet das nicht, meistens jedenfalls.

Lucas mit der neuen Zahnspange lispelt und spuckt, dafür kann er nichts. Ein Zappler ist er auch, aber er hat oft prima Ideen, und nie ist er neidisch.

Ich leider manchmal schon ...

Ja, und unser Tim, der ist ein bisschen dick, und dem ist sein Papa das Allerwichtigste. Er hockt am liebsten auf seinem Hintern, also, ich meine Tim, nicht seinen Papa, und macht den Mund oft bloß auf, um sich was Leckeres reinzuschieben. Aber nicht immer. Auch wenn Tim außen dick ist, im Kopf ist er ziemlich fit.

Unser Prof, der ist toll. Der sieht überhaupt nicht so aus wie ein Professor aus dem Bilderbuch, bloß oben herum, da fehlen ihm ein bisschen die Haare. Er trägt Jeans und T-Shirt und ist der beste Erzähler der Welt. Von ihm wissen wir jetzt, wie die Erde geboren wurde, wie das Wasser auf die Erde kam, wie der Mond am Himmel gelandet ist und was es mit den Planeten auf sich hat. Wir wissen jetzt was von den Sternen und der Sonne, die ist nämlich auch ein Stern, und wir wissen auch, dass der Stern von Bethlehem gar keiner war. Das alles hat uns der Prof erzählt im Park, am Teich, auf dem Fußballplatz und zum Schluss im Hörsaal von der Universität. Damit wir mal sehen, wo er arbeitet. Das war toll.

Celia hat die ganze Tafel vollkritzeln dürfen.

Aber dann waren wir ziemlich traurig, als uns der Prof alles erzählt hatte, was wir wissen wollten. Wir sind seine Freunde geworden, das hat er selber gesagt, und jetzt sollen wir uns nicht mehr sehen?

Doch!!!

Weil, ihm ist eingefallen, dass er seinen Freunden, und das sind wir, noch mehr zu erzählen hat. Und zwar diesmal was von der Philosophie: von den alten Griechen, die sich zum ersten Mal Gedanken gemacht haben über die Natur, warum die wohl so ist, wie sie ist. Und eine Überraschung hat er auch noch für uns. Wir dürfen mit ihm zelten gehen in die Natur, beinah zwei Tage lang, sogar über Nacht und bloß mit ihm!

Was haben wir uns da gefreut! Unsere Eltern waren ziemlich aufgeregt, wir aber auch. Wir haben gleich angefangen zu packen, weil, schon morgen früh geht es los.

Philosophie mit Zelt und Prof.

Was ist denn das, die Philosophie?

Unser Prof hat uns alle abgeholt, und ich glaub, so vollgestopft war sein Auto noch nie. Mit Kindern und Zelten und Rucksäcken und Picknickkörben und oben draufgeschnallt das riesige Gummimonster-Krokodil von Celia. Das muss mit, sonst gibt's Tränen bei dem Zwerg. Dicker Tim darf vorne sitzen, da war ich schon ein bisschen neidisch, aber nicht lange. Hauptsache ist doch, wir haben unseren Prof beinah zwei Tage ganz für uns alleine und er erzählt uns wieder spannende Sachen, solche, die wir vorher noch nicht gewusst haben. Und unsere Eltern auch nicht, glaub ich jedenfalls. Was Neues wissen, ist die Hauptsache … neee, nicht nur. Hauptsache ist auch, dass wir zum ersten Mal nachts im Zelt schlafen und selber kochen und aufbleiben dürfen, so lange wir wollen, hoffentlich … unser Prof ist nicht so einer, der »Marsch, ab ins Bett« ruft, weil er selber in Ruhe Fernsehen gucken möchte. Auf dem Campingplatz gibt's ja auch keinen …

Wir fahren auf der Autobahn, der Prof pfeift vor sich hin, Lisa neben mir hat ein Heft auf ihrem Schoß und einen Stift in der Hand, na klar, alles muss aufgeschrieben werden, was der Prof erzählt. Also wirklich, Lisa. Wie soll das denn gehen im Wackel-Auto? Und außerdem, er sagt ja gar nichts, er pfeift. Und Celia hopst auf ihrem Sitz herum und lutscht am Ohr von ihrem Teddy. Hoffentlich muss sie nicht Pipi, wir sind ja noch längst nicht da. Hat Lisa ihr vorsichtshalber eine Windel angezogen? Sicher ist sicher … Lucas fummelt an seiner Zahnspange herum und hopst beinah so heftig wie Celia, der Zappler.

»Nun denn!«, ruft der Prof und überholt einen Laster. »In medias res, meine Lieben.«

Was?

»Das heißt: zur Sache, aber gleich«, brummelt vorne Tim. »Das sagt mein Papa immer, wenn meine Mama stundenlang rumplappert, und er will doch zum Joggen gehen.«

Na klar, der Tim und sein Papa ... hoffentlich kriegt er heut Nacht im Zelt nicht furchtbar Heimweh und will zu seinem Papa.

Der Prof grinst, ich kann's im Rückspiegel deutlich sehen. »Er meint, sie soll zur Sache kommen.« Er hupt einen Auto-Drängler weg. »Und unsere Sache heißt: Was ist eigentlich die Philosophie!«

Sofort hebt Lisa die Hand wie in der Schule.

»Philosophie ist die Lehre der Weisheit.«

Na, da ist aber eine heute sehr früh aufgestanden und hat im Lexikon nachgeschaut.

»Und Philosophen sind die, die sich Gedanken machen über die Welt und so. Warum sie so ist, wie sie ist. Weil sie das interessiert und mich auch.«

»Interessiert mich auch!«, zischelt Lucas und zappelt auf seinem Sitz herum. »Besonders die Fußballplätze.«

»Versteh ich, Lucas«, sagt der Prof und gibt Gas. »Aber könntest du bitte aufhören, mir in den Rücken zu boxen? Ich muss mich auf die Straße konzentrieren. Um Fußball ging es den ersten Philosophen nicht. Philosophen heißen, wörtlich aus dem Griechischen übersetzt ...«

»Die Freunde der Weisheit!«, ruft Lisa und zieht Celia den Nuckel-
daumen aus dem Mund. Aber einen Lobe-Daumen hoch vom Prof
kriegt sie leider nicht, der muss am Steuerrad bleiben. Dafür aber
ein zufriedenes Nicken im Rückspiegel.

»Die wissen allerdings genau, dass sie die Weisheit nie erwischen
können, aber sie sind Freunde davon, sie wären eben gerne weise.
Entstanden ist übrigens die Philosophie ungefähr 600 vor Christus,
sagt euch das was?«

»Ist ungefähr 2 600 Jahre her!«, zischelt Lucas und boxt schon
wieder. Er kann's halt nicht lassen, aber im Rechnen, da ist er toll!
Ich nicht so ...

»Autsch!«, schreit der Prof, und »Blödmann«! Das gilt aber nicht
dem Lucas, sondern einem Laster, der schert aus, ohne zu blinken.
Der Prof bremst, der Prof beschleunigt wieder und hat sich beruhigt.
Ist doch alles gut gegangen. Erzählt er jetzt weiter? Ich will nämlich

wissen, wo denn die ersten Philosophen gewohnt haben und warum sie da angefangen haben zu denken, weil, das tun die doch. Und außerdem ist das eine kluge Frage, darüber freut er sich doch immer.

»Die ersten Philosophen waren Griechen, wie die geheißen haben, erzähle ich euch später, einverstanden? Ist es nicht erstaunlich, dass die Philosophie, das Denken über die Welt, begonnen hat in einem Land, wo das Wetter fast immer schön ist? Was denkt ihr darüber, aber denkt schnell, ich muss gleich auf die Karte schauen, wo wir abbiegen müssen zu unserem Campingplatz.«

»Kommen wir da an 'ner Pommesbude vorbei?«, brummelt Tim und kriegt von mir eins auf die Mütze. Voll daneben, Tim!

Grad hab ich einen schönen Gedanken gehabt und der ist jetzt weg! Und Lisa, natürlich Lisa, weiß es!

»Weil beim schönen Wetter alle draußen sind, und dann sehen sie in Griechenland das Meer und auch Hügel und Olivenbäume und den Himmel und die Sonne, und das ist wie Ferien, und dann haben sie Lust, darüber nachzudenken, warum das alles so ist, wie es ist. Stimmt doch, oder?«

»Stimmt, Lisa!«, zischelt Lucas sofort, dabei war doch unser Prof gefragt. Der wirft aber nur eine Kusshand nach hinten zur Lisa. Die wird knallrot. Eine Kusshand vom Prof und ein »Stimmt, Lisa« von Lucas, das macht stolz... blöd, dass mir das nicht eingefallen ist, wo's doch so logisch ist.

Da zischelt Lucas schon weiter und diesmal kriegt der Prof keine Fäuste in den Rücken, sondern einen Spuckeregen auf die Glatze.

»Das ist nämlich so! Im Norden von Europa isses ja so kalt gewesen, und da haben sich damals alle in Bärenfelle gewickelt und in ihre Hüttchen gehockt, und keiner hat Lust gehabt, mal so richtig draußen rumzugucken und zu staunen. So muss es wohl gewesen sein. Entschuldigung.«

Lucas wischt dem Prof die Glatze ab, ganz ohne Geboxe.

Wäre ich schneller gewesen, hätte ich das ja auch machen können, denn Lucas kriegt ein »Sehr aufmerksam, lieber Freund« vom Prof und ein Grinsen im Rückspiegel.

Wir fahren noch immer Autobahn und vom Campingplatz ist noch nichts zu sehen. Tim vorne schweigt, also, ich glaube ja, er ist ein bisschen eingeschlafen. Celia auch, halb auf meinem Schoß. Statt Daumen hat sie ein Teddyohr im Mund. Aber ich, ich bin blitzwach. Und muss denken. Alles logisch, was Lisa und Lucas gesagt haben. Ich find's toll, dass da im warmen Griechenland die Philosophie geboren ist, weil, das ist ja auch unser Thema auf'm Campingplatz. Aber, warum sagen wir bloß, das Wetter ist schön, wenn die Sonne scheint, und wir sagen, das Wetter ist schlecht, wenn's regnet? Wärme und Wasser brauchen wir doch alles beides auf unserem Planeten, das wissen wir doch. Und außerdem hab ich lustige Gummistiefel mit Pünktchen drauf zum In-den-Pfützen-Platschen, und Regenschirme gibt's doch auch.

»Mein Papa wird dann immer sauer, weil er dann nicht joggen kann«, brummelt Tim vorne. Ach, Tim ist doch nicht eingepennt.

»Also sind seine Interessen abhängig vom Wetter, das schließe ich daraus!«, sagt Lisa und kritzelt überhaupt nichts in ihr Heft. »Und er macht das Wetter verantwortlich für seine schlechte Laune, oder?«

»Das ist aber unfair!« Lucas zappelt mit den Beinen, und wenn er jetzt so weiter zappelt, kriegt der Prof wieder was in den Rücken. »Das Wetter kümmert sich aber nicht um deinen Papa, das Wetter ist, wie es ist. Das haben die alten Griechen auch begriffen und darum haben sie darüber nachgedacht. Das sollte dein Papa auch mal tun, Tim, ich sag's ja bloß.«

»Ich find Regen ja auch ganz gut«, brummelt Tim. »Weil ich da nicht zum Fußballspielen muss. Und weil Ida recht hat, die ist ja nicht blöd. Unser Planet muss beides haben. Das sag ich mal meinem Papa, aber nicht jetzt, jetzt hab ich nämlich ...«

»Pipi!«, kreischt Celia, sie ist aufgewacht.

»Hunger!«, brummelt Tim. Und unser Prof, Augen starr auf die Autobahn gerichtet, Hände fest am Lenkrad, ruft: »Freunde, wie schön, wir sind ja schon mittendrin in unserem Thema. Philosophieren heißt Nachdenken über das, was da ist. Und insbesondere Naturphilosophie heißt Nachdenken über die Natur, die wir vorgefunden haben, als wir auf die Welt gekommen sind. Da war ja schon alles da. Bäume und Pflanzen, Meere und Berge, Tiere, Papa und Mama ... und auch, okay, okay, Pipi machen müssen und Hunger.«

Der Prof blinkt und biegt ab, die Bremsen quietschen ein bisschen, »Pipi-Hunger-Pause!« ruft er und hält an, nein, nicht an einer Tankstelle mit Raststätte dran, sondern an einem kleinen Parkplatz.

»Gute Vorübung für unsere philosophischen Campingtage!«, ruft er, steigt aus und streckt sich. »Alle Mann von Bord. Zum Pipimachen dahinten in die Klos, zum Hungerstillen da ran an den Tisch. Braucht jemand Hilfe?«

Nee, brauchen wir nicht. Schon ist er weg und Lisa mit Celia hinterher, und Lucas springt auch ziemlich schnell, aber in Richtung Gebüsch.

Tim und ich zerren einen Picknickkorb aus dem Kofferraum, Tim schneller als ich. Flink hat er alles ausgepackt, auf einen ziemlich schmuddeligen Holztisch. Obst, Brötchen, Würstchen, Joghurt auch, aber das schiebt er weg. Nach Schokolade kramt er umsonst im Korb herum, na klar, das war ja der Picknickkorb von seiner Mama ...

Wir mampfen, alle zusammen, das ist richtig gemütlich, und das Wetter ist ... nee, schön sag ich jetzt nicht mehr! Das Wetter ist anders als gestern, und Celia braucht ihr Sonnenmützchen, sie kriegt so leicht 'nen Sonnenbrand.

»Zurück zu unserer Philosophie«, sagt der Prof, sein Sonnenmützchen ist ein Sonnenhut, und toll sieht er damit aus, die Sonnenbrille passt gut dazu, die ist riesengroß und superschick. Er ist so richtig elegant, ich muss ihn immerzu anschauen. Lisa aber auch ... Er greift nach einem Brötchen.

»Wisst ihr was? Ich glaube, dass man sagen kann, Philosophie beginnt damit, dass man sich außerordentlich stark wundert. Dass man so richtig hin und her geschmissen wird zwischen Hoch und Tief. Auf der einen Seite gibt es das Hoch, das ist das Staunen und das Sichfreuen und Leben auf einer Erde, die so perfekt und prima ist wie die unsere. Ja, und daraus ergeben sich dann die Fragen, die nur in der Tiefe zu beantworten sind. Warum ist das so? Da fängt man an zu bohren, und gebohrt wird ja bekanntlich tief, in die Luft hochbohren geht ja nun mal nicht.« Er nimmt einen tiefen Schluck aus seinem Wasserbecher.

»Das ist wie beim Zahnarzt«, nuschelt Lucas. »Das is auch so ein Tiefbohrer, ich weiß, wovon ich rede.«

Apfelstückchen flutschen aus seinem Mund, der Prof wischt sie einfach weg. »Richtig, Lucas, er will an die Wurzel.«

»Aber die Philosophen sind keine Zahnärzte!« Lisa fuchtelt mit einem Joghurtlöffel. »Mit dem Bohren sind Fragen gemeint. Die

wollen an die Wurzel gehen. Auf den Grund, meine ich. Schnabel auf, Celia, und zwei Mal sag ich's nicht!«

»Dann bin ich aber ein richtiger Philosoph, weil ich nämlich eigentlich immer ein Loch im Bauch hab«, murmelt Tim und greift nach dem letzten Würstchen.

Mensch, Tim, das war jetzt aber wirklich daneben. Doch der Prof, der lacht und klatscht auf Tims Baseballkappe.

»Dann erkläre mir doch mal, mein Freund, warum die Philosophen so erpicht drauf sind, ihre Löcher im Bauch zu füllen?«

»Weil sie hungrig sind!« Tim schnauft tief auf. »Aber nicht nach Pommes oder so. Mehr so im Kopf, glaube ich. Mein Papa hat gesagt, man kann nicht bloß so irgendwas behaupten, weil, dann kann man auch Blödes behaupten, was gar nicht stimmen kann. Hat er gesagt. Man muss das, was man behauptet, auch...«, Tim schnauft, »weiß nicht mehr, hab's vergessen.« Und er greift nach dem letzten Joghurt, obwohl er das doch gar nicht mag.

Der Prof grinst und reicht ihm einen Löffel.

»Man muss die Behauptung auch sinnvoll begründen, Tim. Das hat dein Papa gemeint, schönen Gruß, er hat recht. Sinnvoll denken ist nicht so ein Irgendwie, so was bloß Hingedachtes. Wenn ein Philosoph über den Himmel spricht, dann wundert er sich vielleicht, dass die Bäume nicht in den Himmel wachsen, aber er kommt nicht mit der Hölle, versteht ihr, was ich meine?«

Na klar verstehen wir das. Himmel und Bäume kann er sehen, die Hölle aber nicht, wenn's die überhaupt gibt ... gesehen hat die nämlich noch keiner.

»Philosophen sind also so was wie Soldaten an der Grenze, sie bewachen nämlich die Grenzen der Vernunft, bevor man ins Reich der totalen Spekulation abdriftet. Ufff!« Der Prof putzt seine Sonnenbrille und schaut uns der Reihe nach an.

»War das jetzt zu schwierig für euch?«

Ja ... doch ...

»Überhaupt nicht!«, ruft Lisa, natürlich Lisa, und sie kriegt gar nicht mit, dass Celia von der Bank gerutscht ist. »Das soll heißen, spekulieren kann man irgendwas, was einem grad so einfällt, aber vernünftig ist das nicht. Denn dann kann man sich auch nicht miteinander unterhalten. Stimmt doch, oder?« Lisa lächelt stolz, sie weiß ja schon, dass es stimmt.

Gleich kriegt sie hundert Punkte, die Superkandidatin.

Von Lucas aber nicht. »Klugscheißerin!«, zischelt er, Bananenbrei klebt an seiner Zahnspange. »Kannste auch deutsch reden? Was soll'n das heißen, das Spekuzeugs. Hat ja wohl mit Speck nix zu tun, oder?« Er knufft Tim auf seinen dicken Bauch. Der knufft zurück. Mensch, Lucas, hör auf, hier rumzustänkern.

Spekulation heißt doch einfach ... na ja, Vermutung. Biste nur blöd oder was? Der Prof hat's doch grad vorhin erklärt.

»Danke, Ida.« Der Prof lächelt mich an, aber gleich darauf auch Lisa, leider. »Lisa, natürlich kann man sich nicht gut unterhalten, wenn einer nur irgendwas plappert und der andere was anderes. Dann plappert man endlos aneinander vorbei. Ein richtig schönes Streitgespräch kann man nur führen, wenn handfeste Argumente auf dem Tisch liegen. Argumente, Ida?«

»Ansichten!«, ruft Lisa, »Überlegungen! Meinungen!«

»Klugscheißerin!«, zischelt Lucas, aber leise.

»Besserwisserin«, seufze ich, aber genau so leise. Ärgern muss ich mich aber nicht, weil, der Prof legt seinen Arm um mich, leicht verschwitzt, um Lisa legt er ihn nicht ...

»Es war nur so, Lisa, dass die ersten Philosophen im alten Griechenland überhaupt keine Streitgespräche geführt haben. Die haben nur alle allein die Natur beobachtet und da ihre Schlüsse gezogen, die sich von den unseren weit unterscheiden, aber davon später. Gespräche unter den Philosophen gab es sehr viel später, erst bei Sokrates. Der fing an, sich direkt zu unterhalten mit den Leuten in Athen. Was meinst du damit und warum denkst du nicht anders? Den ersten Philosophen ging es nur um die Natur, also um die Frage, warum ist die so, wie sie ist. Warum das Feuer, das Wasser, die Erde, die Luft? Davon erzähle ich euch auf dem Campingplatz. Wie wär's, wenn wir jetzt aufbrechen würden? Aufräumen, Freunde, und alle an Bord, sind alle da?« Er schaut sich um, wir auch ... weil, Celia fehlt. Das hat keiner gemerkt. Der Prof bückt sich unter den Tisch. »Wo ist der Zwerg, muss ich mir Sorgen machen?« Nee, muss er nicht. Dahinten, gar nicht weit weg, da winselt ein Hund, und wo ein Hund ist, da ist auch Celia, das wissen wir doch. Sie unterhält sich halt so gerne mit Hunden.

»Celia, komm her, sofort!«, schreit Lisa, und, oh Wunder, Celia kommt tatsächlich sofort, was sie sonst nie tut. Aber sie kommt nicht alleine, sie kommt mit Hund. Ein Winzhund, ein Hündchen, das ist ja noch ein Hundebaby!

Wo kommt das denn her? Hier ist doch weit und breit niemand auf dem kleinen Parkplatz, kein Auto mit Herrchen und Frauchen oder so was.

»Hund hat geweint!«, berichtet Celia. »Hat keine Mama und Papa. Hat er mir erzählt, ja!« Sie drückt einen Schmatz auf die Winzschnauze, sofort schleckt das Fellbündelchen ihre kleine Nase. Celia strahlt glücklich. »Hat mir Kuss gegeben!«

Wir anderen strahlen nicht, wir starren auf Celia und ihr Hündchen-Glück. Uns allen ist klar, das Hundebaby hat keine Heimat. Weit und breit keine Häuser, bloß Autobahn, endlos lange Autobahn.

»Oh, oh«, seufzt der Prof und kratzt sich am Bart. »Ich fürchte, jetzt haben wir ein Problem!«

»Können wir das philosophisch lösen?«, fragt Lisa und schaut hoffnungsvoll hoch zum Prof. Sie ist ziemlich durcheinander, das sehe ich gleich, weil, sie hat Celia überhaupt nicht angeschrien und sie vom Hund weggezerrt. Weil Naseabschlecken doch so eklig ist.

Findet Lisa, Celia nicht.

»Lisa, wir könnten uns jetzt sinnvoll wundern, denn alle Philosophen wundern

sich zunächst. Wie kommt denn das, was wir da sehen?« Der Prof hockt sich hin vor Celia und dem Hündchen, nimmt sogar die Sonnenbrille ab. »Wir könnten auch sinnvoll spekulieren. Wie kommt es, dass das Tierchen nicht da ist, wo es hingehört? Das ist nämlich ein Naturgesetz und Philosophen respektieren immer die Naturgesetze. Und dieses Gesetz hier heißt …«

»Ein Hundebaby gehört zu seiner Mama, weil es das braucht«, sagt Lisa und seufzt tief auf. Sie kennt das, weil, Celia braucht auch ihre Mama, aber die hat ja nie Zeit, also heißt jetzt die Celia-Mama Lisa. Meistens jedenfalls.

Der Prof nickt und krault dem Hündchen das filzige Löckchenfell. Das Hündchen schmeißt sich sofort begeistert auf den Rücken.

»Hund lacht!«, teilt ihm Celia sofort stolz mit.

»Täte ich auch, Celia«, grinst der Prof. »Wenn man mich kraulen würde. Aber unsere nächste Frage jetzt wäre doch, wie kommt es, dass der Kleine hier ist und nicht dort?«

»Man hat ihn aus'm Auto geschmissen!«, zischelt Lucas sofort. »So was steht immer wieder in der Zeitung, ich weiß das!« Oder man hat ihn hier zum Pipimachen aus dem Auto rausgelassen und dann hat man ihn vergessen. Oder er hat sich verlaufen und man hat ihn gesucht und nicht mehr gefunden. Das könnte doch auch sein, oder? Mir wär das lieber als so ein rausgeschmissenes Hundebaby, das man nicht mehr haben will, das ist doch grausam! Das will ich gar nicht denken.

»Mein Papa hätte jetzt gesagt, das ist nicht unser Problem, das ist das Problem vom Hund«, brummelt Tim und kratzt das hingestreckte Hunde-Bäuchlein. »Das hätte ich aber nicht geglaubt.«

»Ich auch nicht, Tim«, sagt der Prof und steht wieder auf. »Und schon sind wir wieder bei der Philosophie.«

»Nee, beim Hund!«, kreischt Celia und klammert sich ans Hundefell.

»Ich weiß, ich weiß, Celia.« Der Prof befreit das fiepende Hündchen von den Celia-Händchen. »Nicht zu übersehen. Aber philosophieren wir trotzdem ganz kurz, okay? Also, wir haben uns gewundert.«

»Weil der Hund nicht da ist, wo er hingehört«, sagt Lisa sofort. Ich merke genau, ihr wär's lieber, das Hundebaby läge daheim bei lieben Leuten in einem warmen Körbchen zusammen mit seiner Hundemama. Weil Celia alleine schon nervig genug ist, jetzt ist sie noch viel nerviger.

»Dann haben wir uns sinnvoll überlegt, wie das denn sein kann, Hündchen allein auf dem verlassenen Parkplatz. Wir haben also unsere Gedanken dazu gesammelt. Wir sind aber nicht zu einem Ergebnis gekommen, nicht wahr? Hätte alles sein können. Rausgeschmissen, verloren gegangen, ausgerissen.

Aber die Tatsache, der Hund hier und jetzt bei uns, das ist ein Wissen. Das bezweifelt ja wohl keiner. Nun ist die Philosophie aber nicht nur so eine Gedankensammelei, sondern sie überlegt gleich weiter, ganz praktisch, kann man das auch benutzen, das Wissen? Wollt ihr ein Beispiel hören?«

Der Prof hockt sich wieder auf die Bank.

Nee, wollen wir eigentlich nicht. Wir wollen lieber wissen, was wir jetzt machen sollen mit dem Hundebaby. Zur Polizei, ins Tierheim, zurück nach Hause und nix wird mit unserem Camping oder was?

Aber der Prof erzählt schon weiter.

»Zum Beispiel, wenn man begriffen hat, warum die Sonne im Sommer höher steht als im Winter, dann könnte man auch wissen, dass im Sommer das Getreide gut wächst, was wir ja zur Ernährung brauchen, aber dass dazu auch Regen notwendig ist. Vor allem aber Wärme. Also ist es sinnvoll, im Frühling zu säen und im späten Sommer dann zu ernten, bevor wieder der Winter kommt und alles kaputt frieren lässt. Leuchtet euch das ein? Naturbetrachtungen und Philosophie hingen am Anfang der Philosophie ganz eng beieinander!«

Hinter seiner Sonnenbrille glitzern seine Augen, das sehe ich deutlich. Ach ja, jetzt geht der Gaul mit ihm durch, wie er immer sagt, und der ist nicht zu bremsen.

»Also alle griechischen Philosophen waren Naturphilosophen, die sich nur mit der Natur auseinandergesetzt haben. Sie haben nicht dumpf an Götter geglaubt, sondern sie fingen an, gegen die Götter aufzubegehren. Von denen erzähle ich euch später mehr. Von diesen Göttern, dachte man, kam eben alles. Blitz und Donner, Stürme am Meer, die ganze Häuser verschlangen, Hitze und Feuer, das alles verbrannt hat, Regenfälle, die die Felder überschwemmten. An allem waren die Götter schuld. Das haben die Philosophen aber nicht mehr geglaubt. Und warum nicht?«

»Weil sie die Natur beobachtet haben und nicht den Götterhimmel!«, sagt Lisa, ziemlich ungeduldig. Sie rupft nervös an ihrem Heft und starrt auf Celia und das Hündchen. Wir anderen tun das auch, starren, meine ich.

Aber zugehört haben wir trotzdem, na ja, so nebenbei …

Der Prof seufzt und putzt seine Sonnenbrille.

Er hat schon gemerkt, Wissen ist spannend, aber jetzt ist was zu tun, und zwar sofort. Er setzt die Sonnenbrille wieder auf und nimmt das Hündchen in seine Arme. Das schleckt ihm gleich den Bart. »Ziehen wir also aus unserem Wissen jetzt einen Nutzen. Für das Tier hier und für uns. Na?«

»Wir nehmen es mit!«, schreien wir alle, sogar Lisa, und Celia kreischt am lautesten.

»Wir haben ja auch keine Wahl, nicht wahr? Denn die Vernunft sagt uns, dass das Winztier hier alleine sterben würde, so jämmerlich verlassen und ohne Nahrung«, sagt der Prof und drückt es mir in die Arme. »Ida, sei so lieb, ich muss ja fahren.«

Der Kleine kuschelt sich sofort an meinen Hals, fühlt sich gut an. Ich bin froh und die anderen auch. Unsere Campingferien mit dem Prof sind gerettet, das ist klar, wir fahren weiter und nicht zurück.

Was haben wir für einen guten Prof und jetzt auch noch so ein süßes Hundebaby. Was unsere Eltern sagen werden, darüber denken wir einfach später nach.

»Es muss einen Namen kriegen«, sage ich. »Weil, wenn man einen Namen hat, dann ist man auch willkommen.« Ja, das glaube ich. Die anderen nicken, auch der Prof nickt und lächelt mir zu, nur mir! Mein Satz hat ihm gefallen!

»Wie wär's mit Sokrates?«, fragt er und greift nach dem leeren Picknickkorb.

»Ein großer Name für so 'n Winzling, da muss er aber noch reinwachsen«, murmelt Lisa, sammelt unsere Abfälle ein und schnappt sich Celia.

»Neee!«, kreischt die. »Heißt nicht so! Heißt Baby, hat's mir gesagt!«

»Ja, wenn das so ist, dann sei es auch so«, lächelt der Prof und öffnet weit die Autotüren. »Baby, willkommen an Bord!«

Und endlich hocken wir alle gut verstaut wieder im Auto und auf geht's zum Campingplatz, zu unseren Philosophie-Ferien. Die haben ja eigentlich schon längst angefangen, und ich darf jetzt sogar vorne sitzen, neben meinem Prof, fest angeschnallt und mit Baby im Arm.

Was ist das überhaupt, die Natur?

Wir sind angekommen, auf dem Campingplatz. Von mir aus hätte die Fahrt noch viel länger dauern können. Baby in meinem Arm ist kuschelig weich eingeschlafen. Der Prof neben mir lächelt immer mal wieder zu mir hin, oder zu Baby? Gesagt hat er nicht mehr viel, nur immer mal wieder nach hinten gefragt: »Alles gut bei euch? Bin ich zu schnell? Wird jemandem schlecht?«

War aber alles gut. Nur Celia hat rumgequengelt, na klar, sie wollte zu Baby. Das kriegt sie doch bald wieder. Celia, das ist versprochen. Dann war endlich Ruhe.

Ich glaube ja, unser Prof hat ziemlich nachgedacht, wie das jetzt werden soll mit uns und dem heimatlosen Hund. Weil er doch so still war und ganz konzentriert aufs Autofahren. Also, der Prof, nicht der Hund.

Vielleicht hat er darüber nachgedacht, was er uns als Nächstes erzählen wird? Oder aber nur: »Wo kriegen wir jetzt Hundefutter her?«

Endlich sind wir da. Der Campingplatz ist toll!

Eine weite, weite Wiese, ganz ohne Zelte, wir sind die einzigen Gäste hier. Am Wiesenrand gibt es Klohäuschen aus Holz und Duschkabinen, und dann Bäume, nichts als Bäume drumherum. Irgendwo plätschert Wasser und Vögel zwitschern. Es müssen ganz schön viele sein. Hinter den Bäumen weit weg sind Berge, nicht furchtbar hoch, aber ein bisschen. Was ist das hier so ... ja, so friedlich. Das Wort passt gut. Ein guter Platz für uns, finde ich. Das finden die anderen auch, glaube ich.

Sie klettern nicht hektisch raus aus dem Auto, sondern beinah andächtig. Nur Tim murmelt was von einer Pommesbude, die es leider nicht gibt. Und Celia rupft an meinem Hosenbein, sie will Baby. Kann sie haben. Baby fiept und trappelt sofort los, Celia hinterher.

»Recht so!«, sagt der Prof und dehnt sich, Arme über den Kopf. »Bewegung tut uns jetzt allen gut nach der langen Sitzerei. Los, los, ein bisschen Gymnastik, aber flott, wenn ich bitten darf.«

Und schon geht er rauf und runter in die Knie und springt in die Luft.

Und wer macht es ihm sofort nach? Ich natürlich ... und sofort Lisa auch, natürlich Lisa. Lucas hüpft wie eine Heuschrecke um uns herum und boxt in die Luft. Nur Tim steht da wie festgewachsen und brummelt was von seinem Papa, der ihn bestimmt nicht mitgeschickt hat zu einer Turnstunde. Der hätte so mehr das Turnen im Kopf gemeint. Aber dann geht er doch mal ganz kurz in die Knie, das sieht aus wie ein Mädchen-Knicks ...

Der Prof liegt auf dem Boden und macht Liegestütze, viele.

»Was Philosophie ist und will und soll, wisst ihr ja jetzt«, keucht er. »Die Frage ist aber doch, was ist das denn, die Natur? Denn die haben ja die ersten Philosophen betrachtet und sich gewundert.« Er springt wieder auf und wedelt heftig mit den Armen. »Natur ist das, was wir hier sehen.« Er haut sich auf die Stirn, er hat eine Stechmücke erschlagen. Lucas, Lisa und ich, wir wedeln auch.

»Ist doch logisch!«, ruft Lisa und wedelt mir beinah auf die Nase.

»Natur ist schon da, wenn man geboren wird, weil das so ist auf unserem Planeten.«

»Und der Prof hat grad eine Natur totgeklatscht«, grinst Lucas und übt Luftsprünge. »'ne Mücke gehört nämlich auch dazu.«

»Fauna und Flora, hat mein Papa gesagt«, brummelt Tim und macht einen winzig kleinen Hopser. »Bäume und so sind Flora, Mücken und so sind Fauna. Gibt's hier auch was zum Trinken?«

»Im Kofferraum, aber der bleibt noch zu«, japst der Prof. Er liegt im Gras auf dem Rücken und fährt mit seinen Beinen Fahrrad in der Luft. »Aber, was ist denn die Natur? Warum ist sie da? Was will sie?«

Sie ist da, weil sie da ist, glaube ich. Und jetzt strampeln acht Beine in die Luft. Tims Beine sind natürlich nicht dabei, die stehen wie festgewachsen auf dem Boden.

Also, ich denke, die Natur will gar nichts, die will bloß da sein.

»Nee, die will mich auch ärgern«, knurrt Tim und patscht sich auf den Hals. »Mückenstiche mag ich nicht.«

»Das ist doch der Job von der Mücke, Kumpel!«, zischelt Lucas, und ein Strampel-Fahrrad-Bein trifft Tims Po.

»Blut saugen! In der Natur macht jeder seinen Job, kapiert?«

»Aber nicht auf mir«, grummelt Tim und schaut sehnsüchtig zum Auto, nee, zum Kofferraum ...

»Natur ist das, was sich selber gemacht hat«, keucht Lisa und strampelt wie wild. »Und Technik ist das, was der Mensch gemacht hat, weil, die Natur kann ja sowas nicht.«

Im Strampeln reckt der Prof den Daumen hoch.

»Meine Freunde der Weisheit, meine Philosophen, gut gedacht! Weiter so, ich bin beglückt!« Er springt auf.

»Wäre ich jetzt nicht so verschwitzt, würde ich euch umarmen, ihr schlussfolgert prima, allen Kandidaten hundert Punkte.«

»Hä?«, fragt Tim, das Wort hat ihm sein Papa noch nicht erklärt. Also kann Lisa sofort verkünden, was sie im Lexikon nachgeschlagen hat: »Schlussfolgern heißt, Schlüsse ziehen aus dem, was wir erfahren haben, dann zählen wir's zusammen, und dann haben wir was kapiert. Kapiert?«

Tim brummt, Tim nickt, von seinem Papa hätte er's wahrscheinlich lieber erfahren. Lucas mischt sich ein, aus seinen Radfahrer-Beinen sind Box-Beine geworden, nach links, nach rechts, er schnauft kein bisschen.

»Wenn wir jetzt hier so rumstehen und bloß quatschen, dann schlussfolgere ich mal, dass wir jetzt endlich die Zelte aufbauen müssten, mitten rein in die Natur, die gehört jetzt uns!«

»Na, dann mal los, Freunde!«, ruft der Prof und setzt sich in Bewegung. »Es gibt außer Denken auch noch zu tun.«

»Nee!«, schnauft Tim. »Ich muss erst schlussfolgern.«

Der Prof bleibt stehen, wir alle bleiben stehen.

Was denn, Tim hat was zu erzählen? Ja, und wie! Er brummelt los, so wie Tim fast nie losbrummelt: »Weiß eigentlich die Natur, was sie da macht? Nee, weiß sie nicht. Sie hat nämlich keine ...«, er klopft sich auf die Kappe, »keine Vernunft, so wie mein Papa nämlich. Weil, wenn so ein Vulkan mit seinem feurigen Magma-Zeug Dörfer vollspuckt, und dann wird's Lava, und alles ist da kaputt und alle mausetot, dann müsste der Vulkan sich eigentlich denken: Entschuldigung, wollte ich nicht. Und sein Lavazeugs wieder zurücksaugen. Wenn nämlich mein Papa ein Vulkan wäre, dann würde er das bestimmt so machen. Weil er nämlich ...«, wieder klopft sich Tim auf die Kappe, »eine Vernunft hat. Hat der Vulkan nicht. Weil er Natur ist. Dem sind die kaputten Häuser und Menschen und Tiere egal. Meinem Papa und mir nicht.«

Tim schnauft tief auf. Lisa und ich, wir schauen uns an. Unser Tim ... so faul in den Beinen, im Kopf ist er's nicht. Ich muss grinsen, Lisa runzelt die Stirn. Kriegt sie jetzt etwa Konkurrenz?

Der Prof lächelt auch, nur Lucas zappelt herum, er will jetzt endlich Zelte aufbauen, Bewegung im Kopf ist gut, Bewegung in den Beinen für ihn noch besser.

»Gut gedacht, Tim«, lobt der Prof und klatscht sich wieder eine Mücke weg. »Die Natur hat ihre eigenen Gesetze. Die sind nicht festgeschrieben in Gesetzesbüchern wie bei uns. Du sollst nicht stehlen, du sollst nicht betrügen, du sollst nicht töten, na und so weiter und so fort. Denn, wenn du diese Gesetze nicht befolgst, dann wirst du bestraft, weil du einem anderen schadest.

Die Natur stiehlt und betrügt nicht, sie folgt einfach ihren eigenen Gesetzen, und die sind in ihr selbst festgeschrieben.«

Der Prof rupft ein Gänseblümchen aus und hält es hoch.

»Aus diesem Gänseblümchen zum Beispiel könnte niemals ein Eichbaum wachsen.«

Ich muss kichern und Lisa kichert mit.

Ist doch logisch, das würde ja gar nicht mehr funktionieren, er hat's ja gerade ausgerupft! Aber natürlich wissen wir, was er meint.

Nur Lucas drängelt zum Zeltaufbau. Mensch, Lucas, das hat doch Zeit, wir gehen doch noch längst nicht schlafen, erst ist doch Mittagessen angesagt, kannst ja schon mal auspacken.

»Wartet mal!«, grummelt Tim. »Bin noch nicht fertig. Die Natur macht einfach das, was sie kann. Es passiert ihr einfach, sie muss gar nix tun. Sie hat's wirklich gut!«

Er seufzt und starrt hoch zu den Bäumen.

»Die hier kriegen ihr Mittagessen immerzu aus der Erde, und meins steckt im Kofferraum, und der ist zu.«

Wir müssen lachen, sogar Lisa und der Prof sowieso.

»Mittagessen folgt in Kürze, Tim, zufrieden? Aber erlaube mir noch einen Satz, den ich schön finde. Aristoteles, auch so ein alter Grieche, der viel und lange nachgedacht hat, hat gesagt: Natur ist das Werden eines Wachsenden! Sagt mir, was hat er wohl damit gemeint?«

Na, ist doch logisch, Prof. Der Job der Natur ist wahrscheinlich das Wachsen. Und wenn's gewachsen ist, dann ist's ein Baum oder ein Gänseblümchen, dann ist es das geworden, wozu es bestimmt war. Stimmt doch, oder?

Lisa nickt, überhaupt nicht neidisch. Weil sie gleich noch einen besseren Gedanken hat, wahrscheinlich …

»Auch wenn es uns Menschen vielleicht mal nicht mehr geben wird, weil wir ausgestorben sind wie die Dinosaurier – ist ja schon alles mal vorgekommen auf unserem Planeten, kann also gut sein – dann wird es wahrscheinlich die Natur immer noch geben. Weil, sie kann sich ja immer wieder erneuern, sich in andere Formen verwandeln. Die Dinos konnten das nicht und wir Menschen können das auch nicht.«

Also der Gedanke, Lisa, gefällt mir nicht so gut. Ich mag mich nicht so gerne wegdenken von der Welt, besonders jetzt nicht, hier mit dem Prof.

»Die Natur erneuert sich ständig im Wandel.« Der Prof nickt Lisa zu. »Die Dinos sind ausgestorben und ganz gewiss andere Tierarten und Pflanzenarten auch, von denen wir gar nicht wissen. Sind ja nicht mehr da. Und wenn wir Menschen mal aussterben sollten, Ida, meine Gute ...« Jetzt kriege ich ein Lächeln. »Dann werden wir vermutlich nicht wieder auftauchen in neuer Form, dreibeinig und fünfnasig und das Ohr am Knie. Nee, nee, dann hat sich das mit uns erledigt auf diesem Planeten, wir sind weg vom Fenster. Uns wird es dann so ergangen sein wie den Ausgestorbenen. Unsere Lebensbedingungen haben nicht mehr gepasst. Aber Ida, tröste dich ...« Er legt mir die Hand auf die Schulter, aber Lisa kriegt auch eine Hand. »Noch ist es nicht soweit, und ich kann dir versichern, noch lange, lange, lange nicht. Zufrieden?«

Ja, klar, Prof, wenn du das sagst. Du musst es ja wissen.

»Bevor es jetzt aber ans Mampfen geht, noch ein Wort.«

Er winkt hin zu Tim. »Tim, schaffst du das noch?«

Der zuckt mit den Schultern ein »Meinetwegen«, und Lucas hat auch kapiert, Zeltaufbau kommt später. Jetzt ist noch Zuhören angesagt.

»Nun denn, fassen wir kurz zusammen, was wir jetzt wissen, und schreiben es uns ... nee, Lisa, nicht ins Heft, sondern hinter unsere Ohren. Natur ist derjenige Teil unserer Welt, dessen Zustandekommen und regelmäßige oder gesetzmäßige Erscheinungsformen und Wirken unabhängig, und das, meine Freunde, ist ganz wichtig, unabhängig von Eingriffen des Menschen kommen. Also, das ist alles von selbst gekommen und wird und bleibt auch von selbst. Ganz egal, ob der Mensch nun da ist oder nicht. Der spielt da gar keine Rolle.«

Ja, aber was ist, wenn der Mensch die Natur kaputt macht, weil er das ja kann mit seiner Vernunft?

»Ach, meine gute Ida.« Der Prof seufzt. »Wenn der Mensch an der Natur rumfummelt, und leider tut er das schon lange, dann hat er seine Vernunft vergessen, nix hat er kapiert. Er zerstört mehr und mehr alle Lebensbedingungen. Also, es gilt, wachsam zu sein, vorsichtig zu sein, die Natur zu respektieren. Das gilt auch schon für euch Kinder, dann hat die Natur keinen Grund, uns über Bord zu schmeißen. Sie beschenkt und versorgt uns ganz ohne Auftrag. Ich finde das faszinierend!

Aber jetzt, Gute, sei so lieb und schau mal nach, wo unsere Kleinen stecken. Ich hör sie nicht, ich seh sie nicht!«

Ehe ich suchen gehen kann, klar, Prof, mach ich doch gerne, kreischt Lisa schon: »Celia, komm her, aber sofort!«

Und wirklich, oh Wunder, nein, nicht Celia, aber Hund Baby kommt angewetzt mit fliegenden Watschelöhrchen und gleich dahinter Celia, die strahlt mit knallroten und ziemlich schmutzigen Backen. Die haben es wohl lustig zusammen gehabt und jetzt haben sie Hunger. Irgendwie schau ich jetzt plötzlich den Baby-Hund anders an... der gehört auch zur Natur, zur Fauna. Aber nicht zu der Sorte, die aus sich raus selber überleben kann wie die Mücke oder die Schlange und so. Der braucht uns. Es ist schön, gebraucht zu werden, und die Natur braucht uns doch auch, doch, das stimmt. Man kann auch gebraucht werden, indem man wen nicht stört und hilft, dass andere nicht stören. Das hätte ich jetzt dem Prof gerne erzählt, aber der zerrt mit Lucas und Tim unser Mittagessen aus dem Kofferraum. Ich geh mit Celia an der Hand zum Klohäuschen und Baby wetzt begeistert mit.

Wo wird das Hündchen wohl eine Heimat finden?

Bei mir? Bei Lisa? Oder im Tierheim? Mach dir keine Sorgen, Baby, wir respektieren die Natur, wir passen auf dich auf, versprochen.

Baby macht sich keine Sorgen, Baby pinkelt … Celia drinnen, Baby draußen.

Mittagessen mit Wissenschaft

Unser Mittagessen auf der Wiese ist eigentlich auch wieder ein Picknick, bloß ist diesmal der Korb meiner Mama dran. Sie hat sich richtig viel Mühe gegeben, außer Obst, Pudding, Wurst und Brot und Käse hat sie auch noch Spinatküchlein gebacken, die mag ich so gerne, und sogar einen Schokoladenkuchen. Danke, Mama!

Wir hocken auf der Wiese im Kreis um eine Decke herum, auch von meiner Mama, mit all den feinen Sachen drauf.

Der Prof langt kräftig zu, wir anderen auch, besonders... na, wer schon! Lucas zappelt kein bisschen, er schneidet für Celia kleine Häppchen, die teilt sie sich mit dem hungrigen Baby. Der schnappt sofort nach allem, was sie ihm ins Schnäuzchen stopft. Bloß Bananenstücke, die spuckt er aus. Celia aber auch. Also, du siehst, Prof, du hättest dir keine Sorgen machen müssen um Hundefutter. Baby frisst, was Celia isst.

Die ist jetzt seine Mama, Baby gehört zur Fauna auf unserer Erde. Das sind die Tiere, und die allermeisten Tierkinder haben eine Mama, beim Regenwurm weiß ich's nicht so genau, aber hat denn auch die Flora so was wie 'ne Ur-Mama?

»Mensch, Ida!«, Lisa rollt mit den Augen. »Was für 'ne dämliche Frage! Natürlich nicht! Oder haste schon mal gesehen, wie das Gänseblümchen von seiner Mama gefüttert wurde? Die Flora hat sich aus sich selber heraus gemacht, das wissen wir doch schon. Sie braucht uns nicht, aber wir brauchen sie, haste nicht zugehört oder was?«

Doch, hab ich, die Frage war blöd, stimmt leider, Lisa. Ziemlich verlegen stopfe ich mir ein Spinatküchlein in den Mund. Zum Prof schauen, das trau ich mich nicht. Mit dieser doofen Frage habe ich mich ganz furchtbar blamiert ... er lacht mich sicher aus. Nee, tut er nicht.

»Nein, Ida, hast du nicht!«, sagt er ganz ernsthaft und wischt mir Spinat-Käse-Krümel von der Backe. Da bin ich beruhigt.

»Lisa, und das geht jetzt an dich. In der Philosophie gibt es keine blöden Wissensfragen, da gibt es nur Fragen. Natürlich hast du recht, die Flora ist ganz aus sich selber entstanden nach ihren eigenen Gesetzen. Das gilt auch für die Fauna, ein Regenwurm wird niemals ein Miezekätzchen in die Welt setzen können. Das gilt auch für uns Menschen, auch da gelten die Naturgesetze, oder habt ihr schon mal in der Zeitung gelesen, dass eine Frau Mutter von einem Löwenbaby geworden ist? Ihr dürft ruhig kichern, ich tu's auch.«

Er will nach dem letzten Stück Wurst greifen, aber das ist schon weg. Tim zuckt die Schultern und reicht ihm einen Apfel. Der Prof kaut. »Zurück zu den Fragen. Wir Menschen sind nun mal Wesen, die unheimlich neugierig sind, begabt mit einer Vernunft, wie wir wissen. Ja, und die fragen eben nach und spielen mit den Fragen auch herum. Ständig muss was Neues ausprobiert werden. Das machen doch schon die kleinen Kinder, schaut doch bloß mal Celia an. Wenn sie jetzt ihr Limoglas fallen lassen würde und es ginge in Scherben, na, dann würde sie sich doch wundern, oder? Was denn, erst war's heil, jetzt ist es kaputt, bloß, weil's runtergefallen ist, wie kommt denn das?

Vermutlich würde sie gleich zum nächsten Glas greifen und zack, zu Boden damit ...«

»Nein!«, kreischt Lisa, und »Doch!«, kreischt Celia vergnügt und pfeffert ihr Limoglas ins Gras. »Hat der da gesagt, hab's gehört!«

Na, das war ja zu erwarten, Celia hört gut zu, wenn sie will, bloß kapieren tut sie noch nicht so viel. Lisa, reg dich nicht auf, ist ja nix passiert, das Glas ist heil, ist doch bloß auf den weichen Grasboden gefallen. Ist doch bloß Limo rausgelaufen und die schleckt Baby sofort begeistert auf.

Der Prof hebt das Glas wieder auf und füllt es für Celia wieder mit Limo.

»Freunde, und schon wieder haben wir ein Naturgesetz. Wenn was runterfällt und es ist zerbrechlich, geht es kaputt. Ja, aber warum ist es denn nicht nach oben gefallen? Da muss sich Celia doch wundern! Na ja, wenn es nach oben gefallen wäre, dann wäre es ja weg! Und schon hat Celia wieder ein Naturgesetz gesehen. Nach oben fallen kann nix, immer nur runter. Ja, und warum setzen sich denn jetzt eigentlich die Scherben von ihrem Glas nicht von selber zusammen und sind ein Limoglas wie vorher? Da kann man sich doch wundern, da kann man doch fragen, jahrelang, es passiert einfach nicht.«

»Weil's auch wieder ein Naturgesetz ist«, unterbricht ihn Lucas, und Puddingreste hängen an seiner Zahnspange. »Was runterfällt und kaputtgehen kann, bleibt kaputt. Am Runterfallen ist die Schwerkraft schuld, hast du uns mal erzählt.«

»Die Gravitation, Lucas, die Gravitation, so heißt das!«, ruft Lisa. Sie kann's halt nicht lassen, die Besserwisserin, noch nicht mal in unseren Camping-Ferien.

»Meinetwegen, Gravitation, ist doch wurscht«, sagt Lucas. »Kann ich bitte noch Pudding haben?«

»Zu spät!«, seufzt Tim und zeigt auf die sauber leer geschleckte Puddingschüssel. Nee, diesmal war er's nicht. Baby schleckt sich das Schnäuzchen, das ist vanillegelb.

Lucas seufzt auch und der Prof zaubert aus seinem Rucksack einen Schokoriegel und reicht ihn Lucas. Jetzt wird seine Zahnspange gleich braun. Aber das mit der Gravitation, haben das denn auch schon die alten Griechen, die Philosophen, gewusst? Die haben sich doch immerzu gewundert.

»Nein, Ida, sie wussten es noch nicht«, sagt der Prof und krault Celias Löckchen, die ist auf seinen Schoß gekrochen, Baby gleich hinterher, jetzt ist er voll besetzt.

»Denn sie konnten noch keine so speziellen Experimente machen, hatten dazu nicht die nötigen Werkzeuge, wie wir sie heute beispielsweise haben. Sie hatten aber auch gar kein Interesse an diesen Experimenten, weißt du. Das Denken war ihnen viel wichtiger. Sie haben, wie du gesagt hast, sich nur gewundert und dann nachgedacht. Damals war das nämlich so, dass man geglaubt hat, für alles, was in der Natur passiert, seien die Götter verantwortlich. Heute denken wir schon lange nicht mehr so. Heute beschäftigt sich die Wissenschaft mit der Natur. Wissenschaft ist eben immer Experiment und Beobachtung. Aber hätten die Philosophen nicht so intensiv nachgedacht, wäre sehr viel später nicht die Wissenschaft entstanden. Ihr werdet später selber begreifen, warum das so war, wir haben ja zum Glück noch viel Zeit miteinander. Celia, rutsch mal runter, und du auch, Baby.

Wir werden jetzt mal kurz zu Wissenschaftlern, einverstanden? Also, alle Mann hoch den Po.«

Wir springen sofort auf, prima, das wird ein Spiel!

Nur einer bleibt hocken und murmelt: »Und wann gibt's den Kuchen?«

Mensch, Tim, jetzt sei doch kein Spielverderber!

»Ich bin Physiker!«, ruft der Prof und hebt die Hand. »Meine Wissenschaft ist die Physik. Die Physik erforscht Naturgesetze und beschreibt damit Naturerscheinungen. Blitze zum Beispiel, Sonnenstrahlen. Ich beschäftige mich mit dem, was man durch Experimente über die Natur aussagen kann. Ida, du bist Biologin. Was ist deine Wissenschaft?«

»Meine Wissenschaft ist die Biologie. Ich erforsche alles, was lebendig ist und da rumkrabbelt oder rumläuft wie Baby. Die Pflanzen, die krabbeln ja nicht rum, die erforsche ich auch!«

Daumen hoch vom Prof und ein Lächeln. Wie schön!

»Unsere nächste Wissenschaftlerin ist Lisa, die Chemikerin. Erzähl mir was!«

Lisa hebt die Hand und runzelt die Stirn. Schwierig, oder was?

»Meine Wissenschaft ist die Chemie. Ich erforsche ... ich erforsche ... im Labor, da haben alle weiße Kittel an und Mikroskope sind auch da und ...« Sie weiß nicht weiter! Lisa weiß nicht weiter, ganz was Neues.

Sie flüstert nur noch: »Nach was suche ich da eigentlich?«

Und da kommen beinahe auch schon Tränen, sofort klammert sich Celia an den Bauch ihrer Schwester und wispert: »Gummibärchen!«

Wir müssen lachen, auch der Prof. Aber da ist er schon bei Lisa und flüstert ihr was ins Ohr. Das hat er gut gemacht!

Lisa schluckt die Tränen weg und sagt laut: »Ich befasse mich mit den unterschiedlichen Stoffen und Substanzen und versuche herauszufinden, aus was sie bestehen und ob sie für uns gut sind oder nicht, und ihr braucht gar nicht so blöd zu grinsen, ihr hättet das nämlich auch nicht gewusst!«

Mensch, Lisa, wir grinsen doch gar nicht, höchstens so ein bisschen nach innen. Weiter geht's, der Prof zeigt auf Lucas: »Du bist Meteorologe.«

»Meine Wissenschaft heißt Meteo... na, so ähnlich«, zischelt Lucas und boxt hoch in die Luft.

»Meteorologie heißt das, Lucas!«, ruft Lisa sofort, na bitte, sie ist wieder an Bord. »Und du erforschst ...«

»Klappe! Weiß ich selber!«, spuckt Lucas. »Ich gucke mir den Himmel an und die Wolken, und dann weiß ich, wie das Wetter wird. Meistens jedenfalls. Ich bin der Spezialist für die Atmosphäre da obenrum, klar?«

Lisa schnauft, der Prof nickt und zeigt auf Tim, der hockt noch immer wie festgenagelt im Gras.

»Tim, mein Freund, du bist Geowissenschaftler, das passt zu dir und deiner körperlichen Erdnähe.«

Der Prof stampft mit dem Fuß fest auf die Erde, zeigt nach unten, Tim bleibt stumm.

Mensch, Tim, jetzt überleg doch mal! Erde, Erdkugel, Felsenplanet ... was hätte denn jetzt dein Papa gesagt? Ich muss kichern.

»Kicher nicht so blöd, Ida«, nuschelt Tim und stemmt sich hoch.

»Mein Papa hätte gesagt, meine Wissenschaft heißt Geowissenschaft, und dann hätte er mir noch erklärt, dass das die Wissenschaft von der Erde ist. Was da alles so drin ist und in Felsen da unten und immer noch weiter unten. Und ob das schon immer so war oder nicht und ob sich da was verändert hat und warum ... also, mit so was würde ich mich beschäftigen, sagt mein Papa, wenn ich so ein Geotyp wäre.«

Tim plumpst zurück ins Gras, kriegt ein Daumen hoch. Na, der gehört ja eigentlich Tims Papa.

»Jetzt fehlt uns noch ein Wissenschaftler, nämlich der Ozeanograph.« Der Prof schaut sich um. »Der kann ja nur noch unsere Celia sein. Ihr Riesenmonster Gummikrokodil hängt ja immer noch auf meinem Autodach. Wo ist der Zwerg eigentlich? Lisa, ich sag's dir, ich bewundere dich von Herzen, wäre ich dauernd mit diesem Irrwisch zusammen, hätte ich längst schon graue Haare. Vorausgesetzt, ich hätte noch welche.«

Er streichelt seine Glatze, und Lisa schreit: »Celia, komm her, aber sofort! Du bist eine Ozeanographin!«

Toll, wie sie das schwierige Wort hingekriegt hat. Und toll, Celia kommt tatsächlich angehüpft mit Baby, beide nass und schlammig verdreckt. Lisa stöhnt und Celia strahlt:

»Nee, bin nicht so was, bin Celia. Will wieder matschen im Bach mit dem da.« Baby kriegt einen Schmatz auf die schlammigen Ohren und beide wetzen wieder los. Da wird nix draus, aus der Ozeanographin, die ist wieder weg. Aber ich hab das schwierige Wort auch gut rausgekriegt ...

Der Prof seufzt und kratzt sich am Bart. »Was meint ihr, ist der Bach tief, kann unsere Ozeanographin darin ertrinken? Muss ich mir Sorgen machen?«

Muss er nicht, es ist doch bestimmt bloß ein Bächlein. Sorgen machen muss sich höchstens Lisa, wie sie den Dreckspatz, nein, die Dreckspätze, wieder sauber kriegt.

Aber wissen möchte ich jetzt doch schon, was Celia als Wissenschaftlerin erforschen würde.

Aber antwortet mir der Prof? Nee, Lisa ist schneller ...

»Die Ozeanographie ist die Wissenschaft der Meere, ist doch logisch. Die erforscht, was alles darin wimmelt und schwimmt und ob die Meere, die Ozeane überall auf der Welt gleich sind und so was und ob sich was verändert hat oder nicht. Würde prima zu Celia passen, die krieg ich ja kaum aus der Badewanne raus.«

Lisa kriegt vom Prof gleich zwei Daumen hoch, das hat sie auch verdient, finde ich. Erstens für die richtige Erklärung und zweitens für ihr Kümmern um Celia. Und jetzt hat sie auch noch Baby am Hacken ... und dass du das mit der Chemikerin nicht so richtig hingekriegt hast, darüber musst du nicht mehr traurig sein. Lisa grinst zu mir her, ich zwinkere zurück. Auch wenn wir so oft streiten, irgendwie sind wir doch Freundinnen, und beim Dreckspätze waschen helfe ich, ist doch klar.

Aber jetzt muss ich erst mal dem Prof helfen, er zeigt nämlich auf mich. Das heißt, gleich darf ich noch mal was erklären. Wahrscheinlich, weil ich so toll die Biologie erklärt habe.

»Genau!« Der Prof lächelt mir zu. »Ida, du bist eine Ärztin. Deine Wissenschaft ist die Medizin.« Na, das ist ja superleicht, Ärzte kennt doch jeder.

Aber ehe ich antworten kann, trompetet auch schon Lisa los: »Prof, die Frage gilt nicht. Weil, die Medizin gehört gar nicht zu den Naturwissenschaften. Weil, in der Bibliothek stehen die Medizin-Bücher nie bei denen von den Naturwissenschaften, die stehen immer woanders, das weiß ich!«

Jetzt reicht's aber! Gibt's mich hier gar nicht mehr? Beinahe hätte ich vor Wut ihr Geflüster überhört: »Ich weiß aber nicht genau, warum.«

Na, wenigstens das!

»Das kann ich dir erklären, Lisa«, sagt der Prof und hat mich als Ärztin ganz vergessen. »Die Medizin bedient sich der Erkenntnisse der naturwissenschaftlichen Forschung, zum Beispiel die der Biologie, und damit kommt meine gute Ida wieder mit ins Spiel. Ärztin Ida, kannst du das erläutern?«

Klar kann ich das, wenn mir keiner dazwischenquatscht.

»Also, erst war ich Biologin, jetzt bin ich Medizinerin. Was ich als Biologin erforscht habe, kann ich jetzt prima gebrauchen, wenn meine Patienten schlimm krank sind.«

Der Prof reckt den Daumen hoch: »Also schlussfolgere ich daraus, dass die Medizin zur Naturwissenschaft gehört. Sie ist sozusagen auf den Menschen angewandte Biologie, so könnte man das sagen. Ohne Biologie, übrigens auch ohne Chemie und Physik, wäre unsere Frau Doktor aufgeschmissen.«

Er zwinkert mir zu, aber mein Zurückzwinkern übersieht er, weil

Lisa sofort laut dazwischenquatscht: »Dann stehen die Medizin-Bücher in unserer Bibliothek ja falsch!«

»Nicht unbedingt, Lisa.« Der Prof fuchtelt mit dem Zeigefinger, der zeigt auf uns alle. »Denn weil der Mensch in der Fauna und Flora was Besonderes ist – hört gut zu, ich sage nicht was Besseres – drum gilt die Medizin auch als eigenständiges Fachgebiet. Und drum kriegt sie in der Bibliothek auch ein eigenes Regal. Zufrieden, Lisa?«

Nee, halbzufrieden. Sie runzelt die Stirn und ich auch. Ja, was denn jetzt! Gehört die Medizin jetzt zu den Naturwissenschaften oder nicht oder bloß ein bisschen?

»Tja, meine Lieben ...« Jetzt runzelt auch der Prof die Stirn. »Darüber wird gestritten. Belassen wir es dabei oder stimmen wir ab?«

Abstimmen natürlich, das ist viel lustiger. Sofort streckt der Prof die Hand hoch. Das heißt, er ist dafür, die Medizin darf eine Naturwissenschaft sein. Tim, Lucas und ich, Hände hoch! Nur die Hand von Lisa zögert. Überlegt sie jetzt, ob sie in der Bibliothek helfen muss, die Bücher wieder umzuräumen, weil's der Prof gesagt hat? Oder ob es doch eigentlich sehr schön ist, wenn sie alleine stehen und stolz drauf sein dürfen, weil sie was Besonderes sind? Sie lässt die Hand unten und kaut auf ihrem Pferdeschwanz. Tja, Lisa, jetzt hast du wieder was zum Denken ... und wir haben gewonnen. Willkommen, Medizin!

Der Prof breitet die Arme zufrieden weit aus. »Nun haben wir alle Wissenschaften versammelt und wissen Bescheid. Aber, Freunde, die Mutter aller Wissenschaften, die ganz dicke Mama von allen, das ist ... und jetzt möchte ich ein Riesengeschrei hören!«

»Die Philosophie!«, brüllen wir, und am lautesten brüllt der Prof!

Er weiß es ja und wir wissen es auch. Weil das ja auch unser Camping-Traum ist, also ist das logisch.

»Denn, Freunde, das müsst ihr wissen.« Und jetzt wird unser Prof richtig aufgeregt und zappelt auf der Wiese herum, beinah wie Lucas. »Alle diese spannenden und interessanten und wichtigen Wissenschaften wären nie entstanden, hätte es nicht die Philosophen gegeben, die gesagt haben, nee, nee, ihr Götter. Wir haben selber ein Hirn, wir können denken. Damals dachte·man ja, wie ihr schon wisst, die Götter seien für alles zuständig. Fürs Geheimnis des Wassers, der Erde, Blitz und Donner und so weiter. Alles hat man den Göttern in die Schuhe geschoben, wenn der Vulkan gespuckt hat und alles war futsch oder es hat nicht geregnet und die Ernte war kaputt. Neee, haben sich die Philosophen gedacht, erst mal jeder für sich, da muss mehr dahinterstecken. Und aus dem Sich-Wundern, was da alles passiert, entstand ein Wissen-Wollen und neue Ideen, was wohl der Grund sein kann für das, was passiert. Sie haben also die Götter in den Orkus geschickt, damit kann die Hölle gemeint sein oder auch nicht, jedenfalls weit weg, und haben angefangen zu philosophieren. Was haben wir ein Glück gehabt mit den alten Philosophen, das sage ich euch! Hätte die es nicht gegeben, wüssten wir heute nicht das Spannende, was wir wissen, ist das nicht toll?« Er wischt sich Schweiß von der Glatze und strahlt durch die Sonnenbrille.

Aber was waren denn das für Götter, die die Philosophen weggeschmissen haben?

»Zelte aufbauen!«, drängelt Lucas und ist schon beim Auto.

»Da helfen uns die Götter nicht, Ida!«, ruft er noch zu mir rüber, und »Alle Mann ran an den Speck«, ruft der Prof und wühlt mit Lucas im Kofferraum herum, und Lisa ist auch dabei, ganz nah beim Prof.

»So, und wer räumt hier jetzt unser Mittagessen auf?«, rufe ich und kriege prompt von Lisa richtig spöttisch zurück:

»Vielleicht helfen dir ja die Götter!«

So was! Grad waren wir doch noch so richtig verschwörerische Freundinnen und jetzt so was! Sie zieht zusammen mit dem Prof eine Zeltplane auseinander, ich seh's genau ... und hätte der Prof mir jetzt nicht zugezwinkert und gerufen: »Ach, Ida, bitte, sei so gut, ich bin im Aufräumen ziemlich schlecht«, also dann hätte ich das bestimmt nicht sofort gemacht. So aber schon, und zwar sofort. Alles stopf ich rein in einen Plastiksack und hoffentlich sieht er's auch! Jedenfalls, Tim schaut mir zu, na wenigstens das. Er beobachtet aber auch den Zeltaufbau. Der ist ziemlich chaotisch. Der Prof zerrt, Lisa zerrt zurück, Lucas wedelt mit Stangen, die die Zelte halten sollen, und zischelt Kommandos, die der Prof brav befolgt, Lisa nicht. Mitten hinein in das Zelt-Stäbe-Seile-Gezerre sagt Tim richtig laut: »Warum hat es damals bei den Griechen eigentlich bloß Philosophen gegeben und keine Philosophinnen?«

»Weil Frauen zu blöd sind, sogar für so 'nen simplen Zeltaufbau!«, zischelt Lucas und reißt Lisa einen Zeltstab mit Zelt dran aus der Hand. Die kreischt wütend auf und zack, kriegt Lucas einen Tritt ans Schienbein. Bravo, Lisa, das hat der jetzt aber verdient!

»Mein Papa hätte das wahrscheinlich auch gesagt, Lucas«, brummelt Tim im Gras. »Ich aber nicht. Ich glaub, die Frauen damals waren so wie jetzt die Ida. Die haben aufräumen müssen und dann noch putzen und kochen und Babys wickeln und so was. Ich glaub, die haben einfach keine Zeit gehabt.«

»Tim, das glaube ich auch, wirklich, ein schlüssiger Gedankengang. Die Philosophen damals, nehmen wir an, waren reiche Männer, die mussten nicht auf dem Feld schuften, die hatten Zeit zum Wundern und zum Denken«, sagt der Prof und lässt nachdenklich sein Zeltstück fallen und merkt überhaupt nicht, dass darunter jetzt Lucas und Lisa begraben sind.

»Heute gibt es viele Philosophinnen, weil die heutigen Philosophen längst begriffen haben, die meisten jedenfalls, dass sie auch mal kochen und Babys wickeln sollten, damit ihre Frauen Zeit zum Denken haben. Ein solches Denken passiert aber nicht von heute auf morgen. Man kann schon das Gefühl haben, dass die Menschheit sich so langsam aus einem dunklen Nebel aufmachte in Richtung Licht der Erkenntnis. Wisst ihr, ich glaube ja, dass Wissen so etwas ist wie gespeicherte Erfahrung. Unterschiedliche Menschen machen unterschiedliche Erfahrungen, ganz klar. Aber es gibt auch eine gemeinschaftliche Erfahrung, so wie hier jetzt bei uns beim Zeltaufbau mit Lisa und Lucas ... Oh!« Er schaut sich um und ich muss kichern. Jetzt sieht er wirklich aus wie einer der griechischen Philosophen, die sich dauernd gewundert haben. Bloß ohne Sonnenbrille.

Eine zornrote Lisa und ein wütender Lucas kommen aus ihrem Zeltgefängnis gekrochen. Haben die sich da etwa gekloppt? Während der Rede vom Prof hat sich nämlich das schlappe Zelt dauernd so komisch gebuckelt, hat er gar nicht mitgekriegt ... und auch nicht, dass Celia inzwischen mit Baby im Kofferraum herumkriecht, und wer weiß, was die da machen.

Mein Prof ist halt ein wirklicher Philosoph, nicht nur einer, der davon erzählt, sondern einer, der auch dauernd denkt und seine Gedanken fest am Wickel hat. Es ist ihm nämlich ziemlich egal, ob und warum sich Lisa und Lucas vielleicht gestritten haben und warum ausgerechnet unterm Zelt, das hat er ja auch gar nicht kapiert. Vielleicht ist das aber auch wirklich nicht wichtig, weil, die zwei vertragen sich ja grad wieder.

Doch, das hat mein Prof schon kapiert, er freut sich nämlich.

»Lisa, Lucas, wieder an Bord? Prächtig! Also weiter im Text, Freunde. Wir waren bei der gemeinschaftlichen Erfahrung, die zu mehr Wissen führen kann und soll. Und deswegen haben Menschen durch Versuch und Irrtum ganz langsam, aber beständig angefangen, Wissen durch Erfahrung zu speichern, leuchtet euch das ein? Dann haben sie versucht, diese Erfahrungen zu wiederholen, oder erst mal versucht, diese Erfahrungen zu erklären, am Anfang mit den Göttern, später dann mit ihrer Vernunft.«

»Aber diese gemeinschaftliche Erfahrung hat jetzt überhaupt nicht funktioniert!«, beschwert sich Lucas und ruckelt an seiner Zahnspange. »Die hat's nicht gekonnt!« Er zeigt auf Lisa, die streckt ihm die Zunge raus.

»Du aber auch nicht!«

Lucas zeigt auf den Prof. »Einfach Zelt fallen lassen ist blöd!«

»Versuch und Irrtum, lieber Freund«, grinst der Prof. Er ist kein bisschen beleidigt, weil Lucas jetzt ziemlich unhöflich war. So redet man doch nicht mit einem Prof ... doch, mit unserem geht's. Er zuckt die Schultern: »Ehrlich gesagt habe ich null Ahnung, wie man ein Zelt aufbaut.«

Das, guter Prof, war deutlich zu sehen.

»Aber Freund, nach dem Irrtum kommt wieder ein neuer Versuch.« Er greift tapfer wieder nach einer Zeltstange, wedelt damit herum. »Seid ihr bereit? Damit ich zu meinem neuen Wissen kommen kann?«

Klar, Prof, sind wir. Auf geht's zur gemeinschaftlichen Erfahrung. Da lässt er die Zeltstange wieder sinken und ruckelt nachdenklich an seiner Sonnenbrille: »Da fallen mir gerade drei Fragen ein, die wunderbar passen zur Situation. Wichtigste Fragen überhaupt, merkt sie euch gut. Von mir stammen die nicht, sondern von Immanuel Kant, ein überaus kluger Philosoph aus dem 18. Jahrhundert, also kein alter Grieche, sondern ein Deutscher. Übrigens äußerlich ein kleiner Mann, nicht größer als Lucas heute, aber im Hirn riesengroß. Er hat überlegt, was denn wichtig sei für den Menschen, damit er ein vernünftig Denkender in der Gemeinschaft sein kann. Drei Fragen sind ihm eingefallen: Was kann ich wissen? Was soll ich tun? Was darf ich hoffen? So, diese Menschen-Fragen stelle ich mir jetzt und hole mir Tim ins Boot und bitte ihn, mir diese Fragen zu beantworten.«

Tim im Gras zieht seine Kappe bis zur Nase und brummelt zu seinen Turnschuhen: »Du weißt, dass du nicht weißt, wie man ein Zelt aufbaut. Du kannst es ausprobieren. Und jetzt darfst du hoffen, das Zelt ist feste aufgebaut und du hast was kapiert für die Ewigkeit. Dann biste froh.«

»Und wie!«, ruft der Prof fröhlich und schwenkt wieder seine Zeltstange. »Kann mir jetzt endlich mal jemand helfen?«

Mittagsschlaf oder was? Nee, Prof, wir philosophieren

Also, ohne mich wär das aber nix geworden mit dem Zeltaufbau. Die haben ja alle linke Hände, besonders der Prof.

Da bin ich mal eine Bestimmerin geworden und alle haben mir ziemlich brav gefolgt. Nur der Prof nicht. Der stand immer bloß im Weg, ist über Zeltschnüre gestolpert und so.

Da hab ich zu ihm gesagt, es wäre besser für uns und die Zelte, wenn er sich einfach mal hinsetzt und es sich gemütlich macht. Dann kann er uns ja was erzählen, aber was Leichtes.

Da war er ziemlich froh, das hab ich gleich gemerkt. Aber hingesetzt hat er sich nicht, sondern gleich lang ausgestreckt hingelegt ins Gras, mit Anorak als Kopfkissen.

Von Celia und Baby ist wieder mal nichts zu sehen, ich glaube, die sind eingeschlafen im offenen Kofferraum …

Also, seit Celia das Hündchen gefunden hat, nervt sie überhaupt nie mehr, das ist mir aufgefallen. Hoffentlich den anderen auch und besonders Lisa. Dann haben wir nämlich eine gemeinschaftliche Erfahrung. Baby tut der Celia gut, Celia tut dem Baby gut. Die Erfahrung schmeißen wir alle zusammen und schon haben wir ein Wissen.

Jetzt schmeißt aber erst mal Lucas, nämlich unsere Schlafsäcke in die Zelte. Die stehen prima felsenfest. Blau das Kleine für den Prof, rot das Große für uns. Sieht schön aus auf dem grünen Gras, wie Riesenpilze, bloß viel knalliger.

So, und erzählt uns der Prof jetzt was? Nee, tut er nicht, er hat sich richtig hingelümmelt und träumt in den Himmel, die Sonnenbrille ist ihm von der Nase gerutscht.

Na gut, dann erzählen eben wir ihm was, was Philosophisches, da wird er staunen, wenn er nicht schon eingeschlafen ist...

Leise hocken wir uns um ihn herum. So, und jetzt? Eigentlich ist uns das Thema klar, es heißt Baby. Baby ist für uns was Neues. Vorher noch nie gesehen. Und weil wir jetzt Philosophen sind, und zwar die Allerersten aus dem Griechenland, müssen wir uns wundern und dann denken.

Los, mach schon, Lisa, fang an, sonst pennt uns der Prof wirklich weg.

»Also, ich bin eine Philosophin im alten Griechenland«, flüstert Lisa und wirft uns strenge Blicke zu. »Haltet die Klappe, ich weiß, ich weiß, so was wie mich gab's damals nicht, ich bin's jetzt mal halt. Also, ich habe erst mal geglaubt, als ich Baby an einem so unerwarteten Ort gefunden habe, dass er vom Himmel gefallen ist. Kann sein, ich habe geglaubt, dass es Hunde regnen kann. Weil es einen Gott gibt, der Hunde vom Himmel runterwirft. Vielleicht heißt der Hundeglück-Gott, weil Hunde eigentlich ein Glück sind, das war meine Erfahrung.«

»Sie sind es«, brummelt der Prof, die Augen macht er nicht auf. »Hoffentlich sehen das deine Eltern auch so.«

»Es geht jetzt nicht um meine Eltern, es geht um Hundeglück-Gott und meinen Glauben«, sagt Lisa streng. »Bitte das nicht zu vergessen, ich bin eine Philosophin von vor zweitausendsechshundert Jahren, und ich glaube an die Götter.«

Der Prof nickt und lächelt in den Himmel. Er hört uns zu, das merke ich genau.

Tim schnauft und zupft an seiner Kappe. »Wenn mein Papa ein alter Philosoph aus Griechenland gewesen wäre, dann hätte er jetzt gesagt, dass das aber ein superdoofer Gott sein muss. Weil, bei so 'nem Sturz aus'm Himmel, da brechen sich doch die Viecher alle Knochen. An so 'nen Gott hätte mein Papa nie geglaubt.«

Mensch, Tim, biste nur blöd oder was? Das von der Lisa war doch bloß ein Beispiel für die Götterglauberei damals. Und ich sag dir noch was, schieb doch nicht immer deinen Papa vor, wenn du was sagen willst, das nervt!

Der Prof hebt die Hand und lässt sie wieder fallen.

»Lass gut sein, Ida, Streit bei meiner Mittagsruhe ertrage ich nicht. Diese Götterglauberei heißt Mythos, das hat meine Philosophin Lisa sicher gewusst.«

Lisa nickt stolz, Tim zieht beleidigt die Nase hoch und, ach je, leider ich auch.

Aber ehe Lisa weiter Schlaues von sich geben kann, springt Lucas auf und lispelt los: »Aber jetzt kommt's, Leute! Die Philosophin Lisa hat nämlich überhaupt noch gar nie Hunde regnen sehen, weil, immer wenn's geregnet hat, war's bloß Wasser, ein Hund war nie dabei. Da hat sie sich gedacht ...«

Aber weiter kommt er nicht, Lisa ist auch aufgesprungen und hält ihm den Mund zu, seine Zahnspange glitzert durch ihre Finger. »Denken kann ich selber!«, faucht sie. »Stör mich nicht!«

Lucas zischelt durch ihre Finger ein »Besserwisserin«, und gleich passiert genau das, was sich unser Prof doch verbeten hat. Streit und Schreierei. Mensch, Leute, jetzt hockt euch wieder hin und leise, leise ... kloppen könnt ihr euch später. Lisa und Lucas werfen sich böse Blicke zu, setzen sich aber wieder brav ins Gras. Und Lisa darf endlich weiter denken, sie denkt leise.

»Ich als Philosophin habe mir gedacht, da kann was nicht stimmen mit dem Hundeglück-Gott. Hunde kann es nicht regnen, die laufen wie wir strohtrocken auf der Erde herum. Also hatte ich eine Erfahrung und die wurde zu meinem Wissen. Ich habe also vernünftig gedacht!« Sie schaut gespannt zum Prof, der hebt einen ziemlich müden Daumen.

»Dein Wissen, geboren durch vernünftiges Denken, das heißt Logos. Mythos heißt Glauben, Logos heißt Wissen, aber auch Vernunft. Benutze deine Vernunft und glaube nicht jeden Unsinn, sondern überprüfe mit Hilfe deines Hirns. Vom Mythos zum Logos, das ist natürlich auch die Parole der Wissenschaft geworden. Ist jemand von euch so nett und erklärt das Wort Parole? Ich bin gerade ein wenig denkfaul.«

Ehe Lisa wieder klug lossprudeln kann, murmelt Tim, und jetzt kriege ich einen bösen Blick: »Wenn ich am Sonntag lange im Bett faulenzen will, kommt mein Papa und rüttelt mich: Raus aus'm Bett, Tim, Joggen heißt heute die Parole. Eine Parole ist das, was er sich vorgenommen hat, ich aber nicht.«

Der Prof grinst mit geschlossenen Augen. »Lass ihn doch einfach alleine joggen gehen. Tim, dann bist du die Parole los.«

Tim seufzt tief, und ich weiß genau, was er jetzt denkt, nämlich, der Prof kennt seinen Papa nicht. Aber das mit der Parole hat er wirklich prima erklärt, also, der Tim, nicht sein Papa. Auch, weil ich mich ein bisschen schäme, weil ich vorhin ziemlich gemein zu ihm war. Also, zum Tim und nicht... ach, ist doch klar!

»Ich bin noch nicht fertig mit meiner Philosophie!«, verkündet Lisa ziemlich ungeduldig. »Punkt eins ist abgehakt, ich bin vom Mythos zum Logos gekommen. Hunde können nicht vom Himmel fallen, also kann ich den Hundegott vergessen. Das weiß ich jetzt. Jetzt muss ich aber weiterdenken, was soll ich denn tun, wenn ich so ein Hundebaby alleingelassen finde? Das ist Punkt zwei. Und Punkt drei wäre dann, was darf ich hoffen? Das erklärt mir jetzt aber mal!«

»Aber gerne, Frau Philosophin!«, zischelt Lucas und macht eine tiefe Verbeugung, aber er grinst dabei. »Punkt zwei, was du jetzt tun sollst, ist doch sonnenklar. So 'n armes Baby-Viech braucht eine Heimat, Futter, Körbchen, Hundeleine und all so 'n Zeug. Muss es haben, kriegt es auch, und zwar bei dir, logisch!«

»So, und warum ist das logisch?«, unterbricht ihn Lisa, ziemlich zornig, finde ich. »Bloß weil ich den Hund gefunden habe, bin ich für ihn verantwortlich? Außerdem war's Celia und nicht ich, darf ich dich daran erinnern?«

»Spielt keine Rolle, Frau Philosophin«, grinst Lucas so breit, dass seine Zahnspange in der Sonne funkelt. »Celia ist deine Schwester, für die hast du die Verantwortung, klar? Wenn Celia nun den Baby-hund findet, dann haste auch für den die Verantwortung. Weil, Celia ist zu klein, die kann das noch nicht. Also bist du dran, weil Celia und Baby immerzu zusammenkleben. Die kriegste jetzt bloß im Doppel-pack, sieht man ja. Deine Verantwortung ist einfach dicker geworden. Das ist Logos, Frau Philosophin, Logos!« Lucas klopft sich an die Stirn.

»Logos heißt übrigens nicht nur Wissen, sondern auch Gesetz«, murmelt der Prof und blinzelt in die Sonne. Mehr sagt er nicht. Aber dafür Lisa, mit knallroten Backen sprudelt sie los:

»Das soll also heißen, wenn ich was Hilfloses finde, habe ich sofort die Verantwortung und niemand sonst? Ist das ein Gesetz?« Sie kaut heftig an ihrem Pferdeschwanz.

Prof, du bist gefragt. Sag was, sonst gibt's Tränen …

Tatsächlich, er steht auf, wischt sich Gras vom Hosenboden und legt seinen Arm um Lisa. Das wär aber eigentlich nicht so nötig gewesen …

»Nein. Lisa, diese Verantwortung ist kein Gesetz, diese Verantwortung ist nur ein wichtiges Gefühl in dir, dass du etwas tun sollst, was richtig wäre. Für das Hündchen, für Celia. Niemand kann dich zu diesem Gefühl zwingen, keiner dazu überreden. Da hast du durchaus die Wahl, dich zu entscheiden, Baby weg oder Baby da. Bei dieser Entscheidung hilft dir kein Gesetz, an das du dich halten musst. Wir Menschen haben ja durchaus festgeschriebene Gesetze, die hilfreich und nützlich für das Zusammenleben sind. Na, die kennt ihr ja selbst. Du sollst nicht stehlen, du sollst nicht lügen und betrügen, du sollst niemandem eins auf die Rübe hauen, und so weiter, wisst ihr ja schön längst. Nützliche Gesetze. Befolgt man die nicht, prompt gibt's Strafe. Richtig so. Wir haben aber auch Verantwortungs-Gesetze, für die Eltern zum Beispiel. Fällt ihr Kind ins Planschbecken und ertrinkt und die Eltern haben vorher nicht ausgepasst, prompt gibt's Strafe. Eine grässliche Situation für Richter und Eltern, denn deren Kummer ist riesengroß.« Er kratzt sich am Bart und wedelt eine Stechmücke weg, erschlagen hat er sie nicht.

»Aber, was ich sagen will, wir Menschen können alle diese Gesetze brechen, wir stehlen, betrügen, prügeln jemanden platt. Die Natur kann ihre Naturgesetze niemals brechen, sie hat auch gar kein Interesse daran. Weil sie, wie ihr gleich sagen werdet, keinen Denk-Verstand hat. Kein Baum fällt um und zerquetscht ein Gänseblümchen unter sich, nur weil er es nicht leiden kann. Ihr versteht, was ich meine? Ich bin immer wieder begeistert davon, wie die Natur lebt und leben lässt. Und ohne es zu wissen, weil Wissen nicht ihr Ding ist, wie ihr sagen würdet, beschenkt sie uns.«

Er sucht nach seiner Sonnenbrille, die ist ins Gras gefallen, ich reiche sie ihm. Unser Prof ist wieder aufgewacht, toll! Und was er erzählt hat, auch toll. In der Natur gibt's keinen Richter, der bestraft. Weil die Natur auch keinen Richter braucht. Weil sie ihre Gesetze immer befolgt. Sie kann nicht anders. Sie hat bloß so ein »Müssen« in sich drin und ist damit zufrieden. Nee, so kann man das jetzt nicht sagen. Weil, zum Zufriedensein braucht man doch Gedanken oder Gefühle. Die haben aber die Wolken nicht und ein Vulkan auch nicht und auch nicht der Tannenbaum da drüben. Eigentlich bin ich denen ja völlig egal, aber trotzdem sorgen sie irgendwie für mich.

So habe ich das noch nie gedacht, jetzt aber schon. Ich kann in der Natur herumhüpfen und an Pflanzen schnuppern und im Sprudelbach baden und treffe einen Fisch, der will schwimmen, der will mir nichts Böses, und selbst die ekligen Wespen, die mich stechen können, und das tut weh, die wollen das eigentlich gar nicht, die meinen nicht mich, die sind bloß auf meinem Fuß gelandet, weil sie geglaubt haben, da ist irgendwas zum Fressen für sie drauf.

Das heißt also, wenn die Natur mir wehtut, macht sie's nicht mit Absicht, sie folgt nur ihren Gesetzen. Ich bin ihr ziemlich wurscht. Das heißt also, und jetzt schlussfolgere ich was, hört her, wenn mir ein dicker Ast auf den Kopf kracht und ich blute dann sogar, bin ich nicht sauer auf den Baum. Wenn aber zum Beispiel Tim mir einen Stein auf den Kopf haut, dann darf ich stocksauer sein, weil, der hat's mit Absicht gemacht und mich gemeint.

Tim starrt mich an mit offenem Mund.

Mensch, Tim, entschuldige, es war doch bloß ein Beispiel, es hat grad so gut gepasst, weißt du? Entschuldige, ich weiß doch, das würdest du nie machen, du bist kein Klopper, dazu bist du doch viel zu faul.

»Bin ich«, nickt Tim und stemmt sich hoch. »Oder zu vernünftig. Wenn mein Papa gute Laune hat, sagt er das auch. Du hättest dich gar nicht zu entschuldigen brauchen, Ida, ich hab doch was ganz anderes sagen wollen. Nämlich, dass du prima denken kannst, beinahe so prima wie der Prof. Der hat uns das alles auch schon mal verklickert, aber nicht so wie du. Gibt's jetzt Kuchen?«

Von mir aus jede Menge, Tim, und meine Kuchenstücke kannst du alle, alle haben, und ich will dich auch nie mehr nerven mit deinem Papa, versprochen!

»Dann kriegt der Kandidat jetzt hundert Punkte«, grunzt Tim zufrieden und wühlt im Picknick-Korb herum.

»Finger weg!«, ruft Lisa streng. »Wir sind von meinem Thema abgekommen. Mal wieder typisch. Was ist denn jetzt mit meinem Punkt drei, was darf ich hoffen! Immanuel Kant habt ihr sicher schon vergessen, ich aber nicht. Und auch nicht, dass diese Frage mich und Baby betrifft, habt ihr sicher auch schon vergessen. Ich aber nicht.«

Auweia, ich merke genau, das ist nicht bloß so eine Wissensfrage, nee, Lisa will es wissen, und zwar jetzt!

Sie schaut zum Prof und schnauft, kaut an ihrem Pferdeschwanz. Ein schlechtes Zeichen …

»Du darfst hoffen, dass deine Eltern einverstanden sind«, lispelt Lucas und zieht ihr richtig nett den Pferdeschwanz aus dem Mund.

»Ja, und wenn nicht? Was dann?«, ruft Lisa und stopft sich den Pferdeschwanz wieder in den Mund.

»Dann darfst du hoffen, dass deine Freunde dir und Baby helfen werden«, sagt der Prof. »Im schlimmsten Fall nehme ich Baby mit zur Universität, Zettel an die Pinnwand: Baby, vierbeinig, sucht Heimat. In null Komma nichts rennt man mir die Bude ein!«

»Ich frage meine Eltern, die haben Hunde gern, ich wünsch ihn mir zum Geburtstag, der ist bald!«, zischelt Lucas. »Sonst hätte ich mir einen neuen Computer gewünscht, der wäre aber teurer.«

»Mein Papa sagt, es gibt ganz prima Tierheime, da geht's den Viechern gut. Weil viele dafür bezahlen«, brummelt Tim. »Ich sag das aber nicht. Ich sag einfach meinem Papa, dass er mit Baby joggen gehen kann, weil, der macht das gerne, und ich muss nicht mehr mit.«

Ach, Lisa, mach dir doch nicht so 'nen Kummer. Wenn meine Eltern mir mal den Prof geschenkt haben, damit er uns was erzählt vom Himmel und der Erde, dann schenken sie mir bestimmt auch Baby. Weil Baby zur Natur gehört, zur Fauna, und ich da was lernen kann.

Um Lisa herum ist ein richtiges Getümmel, sie steht mittendrin und ... heult. Dann lächelt sie wieder, dann heult sie wieder.

Und wer kommt da angewetzt, aus dem Kofferraum? Baby und hinterher Celia. Baby hopst an Lisa hoch, will Tränen wegschlecken. Celia hopst auch, will Tränen wegwischen. Lisa soll nicht weinen.

»Baby hat Kindergarten gern«, wispert sie und klammert sich an Lisas Bauch. »Hat Baby mir gesagt im Auto. Ich und Baby gehen in Kindergarten, du bringst uns hin, stimmt doch, Lisa?«

»Wenn's denn da auch erlaubt ist«, seufzt Lisa und wischt sich Tränen und Hundespucke weg.

Wenn Philosophen wandern gehen, anders als gedacht

»Liebe Philosophinnen und Philosophen, jetzt bin ich mal wieder dran, wenn's erlaubt ist.« Der Prof reckt und streckt sich.

»Lasst uns eine Philosophen-Wanderung machen, ganz dahinten zu einem Kletterfelsen, könnt ihr ihn sehen? Und dabei erzähle ich euch von den Naturgesetzen, was haltet ihr davon?«

Wir nicken alle, Lucas springt schon los, Baby auch mit fliegenden Watschelohren, Celia natürlich gleich hinterher.

Nur Tim brummelt: »Muss ich da mit? Ich pass hier lieber auf die Zelte auf.«

Mensch, Tim, die fliegen uns doch nicht davon. Los, hoch den Po, sonst verpasst du was. Kuchen gibt's später.

Tim stöhnt, und wir marschieren los, ich rechts vom Prof, Lisa links und ziemlich nahe, finde ich … Tim latscht hinterher.

»Nun denn, Freunde«, sagt der Prof, er geht ziemlich schnell. »Die Frage ist doch, was für Naturgesetze finden auf der Erde statt und auch im Universum. Das wichtigste Naturgesetz ist natürlich, dass überhaupt die Materie, aus der hier und da oben alles besteht, zusammenbleibt. Wir zerfließen ja nicht zu Biomatsch, nichts löst sich irgendwie auf. Dass es überhaupt einen Planeten gibt, auf dem wir jetzt leben dürfen und können, ist ein wunderbarer, aber natürlicher Vorgang. Und Naturgesetze beschreiben diesen Vorgang. Vom Entstehen des Planeten habe ich euch ja schon vor einiger Zeit erzählt, das dürfte noch in euren Köpfen sein. Jedenfalls, je genauer das Naturgesetz einen natürlichen Vorgang beschreibt, desto besser ist es. Leuchtet euch das ein?«

Wer sofort nickt und am liebsten mitschreiben möchte, das ist natürlich Lisa, aber Schreiben beim Wandern geht eben nicht. Und aufpassen aufs Schwesterchen offenbar auch nicht, Celia ist nicht mehr zu sehen.

»Aber was ist denn nun ein natürlicher Vorgang auf der Erde?« Der Prof bleibt stehen und klatscht sich auf die Stirn.

»Stechmücken!«, grinst Lucas. »Stechmücken im Sommer am Wasser, das ist ein natürlicher Vorgang.«

»Witzbold!« Er kriegt von Lisa einen Boxer in den Rücken. »Hier ist die Rede von den Elementen, von Erdbeben, Vulkanen, Wasserstürmen am Meer und so was und von Blitz und Donner und Regen. Alles ein natürlicher Vorgang, auch wenn er uns manchmal nicht gefällt. Haste kapiert?«

Und jetzt kriegt Lisa von Lucas einen Boxer zurück.

»Die Erde ist auch einer, mit uns drauf und den Stechmücken, Besserwisserin! Da wächst ja alles aus'm Boden von der Erde raus, geht ja nicht anders. Weil, die Bäume hier, die können ja nicht aus'm Wasser rauswachsen, die brauchen Erde. Na, jetzt staunste aber, was?«

Lisa staunt nicht, dafür aber der Prof, und Lucas kriegt einen Daumen hoch.

»Ein Naturgesetz, für das wir noch keinen Namen haben, Lucas. Das Wasser, also Meere, Flüsse, Bäche liegen auf der Erde. Die Erde ist auch ein Element, aber kein totes, sondern ein lebendiges. Für die alten Griechen war die Erde überhaupt das Zentrum der Welt.

Der feste Boden unter ihren Füßen einerseits, aber andererseits war sie auch das, worum sich alles dreht. Ja, das haben sie gedacht. Die Erde als absoluter Mittelpunkt. Um den dreht sich alles: Sonne, Mond und Sterne.«

Der Prof rennt weiter und hinter ihm schnauft plötzlich Tim:

»Da haben die aber falsch gedacht, hätte mein Papa gesagt und ich auch. Weil, im Universum dreht sich doch alles, die Erde dreht sich um die Sonne rum und der Mond um uns und die Sterne, und die anderen Planeten drehen sich auch um die Sonne rum und so. Warum haben die so falsch gedacht, wenn mein Papa und ich das jetzt doch wissen?«

»Weil wir es heute besser wissen können, Tim. Damals hatten sie noch keine Fernrohre oder Messinstrumente, sie hatten nur ihre Augen, um zu sehen und ...« Der Prof bleibt plötzlich stehen. »Sagt mal, hört ihr das, was ich höre?«

Wirklich, da quietscht was, da kreischt was, da plätschert was!

»Ich würde sagen, es kann sich nur um Celia und Baby handeln. Wahrscheinlich sind die ins Wasser gefallen«, murmelt Tim, und sofort kreischt Lisa los: »Celia, komm her, aber sofort.« Aber da ist der Prof schon losgestürmt, Lucas noch schneller und Lisa und ich hinterher.

Wenn's hier wirklich einen tiefen Fluss gibt ... weiter mag ich gar nicht denken.

Aber der Fluss ist zum Glück bloß ein Bach und aus dem fischt der Prof eine klatschnasse, strampelnde Celia und Lucas einen pitschnassen, strampelnden Baby-Hund. Das ist ja noch mal gut gegangen.

»Ich und Baby haben schwimmen gewollt, war zu viel Wasser da«, plärrt Celia, und »Bist du nur blöd oder was? Du kannst doch noch gar nicht schwimmen, Windelzwerg!«, schreit Lisa und rennt aufgeregt hin und her. »Ich hau dir jetzt den Popo voll!« Celia plärrt wütend, und ich weiß nicht, was ich tun soll. Soll ich mich erst um die aufgeregte Lisa kümmern, die Sachen sagt, die sie gar nicht meint? Oder erst um nasses Kind und nasses Tier? Was kann ich wissen, was soll ich tun, was darf ich hoffen? Diese Gedanken wetzen durch meinen Kopf.

Aber jetzt ist erst mal was zu tun. Die Winzlinge müssen getrocknet werden, ist ja klar, hätte ich gleich wissen können. Unsere Wanderung war ziemlich kurz. Am Zeltplatz wartet schon Tim mit Handtüchern in seinen Armen. So was! Der muss ja geflitzt sein wie blöd! Der hat sofort begriffen, was er wissen kann, nämlich, dass Celia und Baby von uns gerettet werden. Und er hat genau gewusst, was er tun soll, nämlich dafür sorgen, dass die Kleinen wieder trocken werden.

Was er hoffen darf, ist ihm auch klar, die Wanderung ist abgebrochen, und es gibt Kuchen. Wer hätte das gedacht! Tim ist nicht nur schnell im Kopf, sondern auch schnell mit den Beinen.

Ich ziehe Celia aus, Lisa ist zu aufgeregt, und der Prof kann so was wahrscheinlich sowieso nicht. Celia und Baby werden trocken gerubbelt und Tim verteilt an beide Kuchenstücke und besonders an sich.

Der Prof seufzt tief auf, Lebensretter sein, das hat er wohl nicht geplant. Ich reiche ihm ein Kuchenstück, das braucht er jetzt bestimmt. Celia ist frisch angezogen, diesmal von Lisa. Sie hat sich beruhigt. Lucas hat Baby sein Halstuch umgebunden aus seinem Rucksack und daran einen langen Strick, wo kommt der denn her?

Ist egal, jedenfalls ist das eine prima Hundeleine, jetzt kann nichts mehr passieren.

Eine ganze Weile hocken wir einfach da auf dem Zeltplatz und essen Kuchen. Keiner sagt was. Noch nicht mal, dass der Kuchen lecker ist. Wir hatten alle einen Schreck.

Gehen wir denn jetzt wieder wandern hin zum Kletterfelsen und du erzählst uns was? Vorsichtig zupfe ich den Prof am Hosenbein.

»Machen wir, Ida«, sagt der Prof und schiebt das letzte Kuchenstück zu Tim. »Zurück zum Bach und da erzähle ich euch von Thales von Milet. Das war nämlich der erste Philosoph überhaupt, von dem wir wissen, und dem ging es ums Wasser auf der Erde.«

Celia hört »Wasser«, und sofort kreischt sie los: »Krokodil!« Und sofort flitzt Lucas los und holt das Gummimonster vom Autodach, man kann Celia doch nicht kreischen lassen nach dem Schreck, die wär ja beinah abgesoffen.

Und jetzt muss ich kichern. Schon wieder flitzen die Sätze durch meinen Kopf. Was kann ich wissen? Celia will ihr Schwimmtier. Was soll ich tun? Gar nix, Lucas erledigt das schon. Was darf ich hoffen? Dass ich es nicht schleppen muss!

Also wirklich, Ida, der große Philosoph Immanuel Kant hätte das jetzt aber ziemlich läppisch gefunden. Tut mir leid, Herr Kant, ich kann nix dafür. Der Prof hat gesagt, diese drei Fragen sind wichtig für uns, superwichtig. Weil sich ein Mensch die immer wieder stellen muss, damit er ein vernünftiger Mensch sein kann. Na, siehste, Herr Kant, mein Hoffen war gar kein Problem, denn Lucas drückt das Gummimonster Tim in die Arme und wir marschieren alle Mann wieder los. Celia brav an der Hand von Lisa, Baby am Strick mit

Lucas, Tim stöhnt mit dem Gummimonster hinterher, und ich bleibe eng beim Prof. Es ist schön, ein vernünftiger Mensch zu sein ...

Am Bach reißt sich Celia sofort los von Lisas Hand und will ihr Krokodil. Na klar, das soll da schwimmen, mit Celia drauf auf seinem Rücken. So wird's gemacht.

Und wer hält jetzt die Krokodilsschnauze fest und sieht zu, dass der Bach die Celia nicht zu schnell weiterschwabbelt, und läuft gebückt am Ufer nebenher? Denn anders geht's ja nicht. Unser Prof! Gebückt, sein Rücken rund wie bei der Schildkröte trabt er los, Krokodilsschnauze fest in der Hand und Blick fest auf die begeistert quietschende Celia. Ich glaube, ihm steckt noch der Schreck in den Knochen, ein Lebensretter gewesen zu sein.

Er hat ja die Verantwortung für uns, das haben die Erwachsenen doch immer. Ist das auch ein Naturgesetz? Also, ich glaube, irgendwie schon. Wenn wer klein ist und nix weiß, dann muss der Große, der was weiß, aufpassen. Ja, so ist das. Aber ich muss jetzt aufpassen, was der Prof erzählt. Das kann er auch als Schildkröte.

»Thales von Milet in Griechenland war der Beginn der Philosophie. Für ihn war das Wasser *das* Element. Das war für ihn das Allerwichtigste. Für ihn war klar, Wasser verändert sich, also, da könnte irgendwas drin sein, ein Gesetz, was sich immer und immer wiederholt. Für Naturgesetze ist es nämlich ganz wichtig, das sie sich immer und immer wiederholen.«

Er streckt sich kurz, reibt stöhnend seinen Rücken und wird gleich wieder zur Schildkröte, weil ihm das Krokodil samt Celia schon davongeschwabbelt ist.

»Thales hat sich also gedacht, das Wasser muss ja 'ne ganz wich-

tige Sache sein, weil es sich dauernd verändert, aber immer bleibt es trotzdem Wasser, nix sonst. Fällt euch ein, wie sich Wasser immer wieder verändern kann? Ihr erinnert euch?«

»Wasser kann gefrieren, dann wird es zu Eis. Wasser kann verdunsten, steigt hoch, wird eine Wolke, dann fällt's runter auf die Erde, dann ist es Regen, hab ich alles aufgeschrieben, weiß ich auswendig.« Hätte Lisa jetzt ihr Heft dabei, sie würde es schwenken.

»So ist es«, schnauft der Prof, »egal was passiert, es bleibt Wasser, verändert sich, bleibt aber immer dasselbe. Und das war für Thales das Allerwichtigste. Für ihn war das Wasser der Ursprung und der Erklärungsgrund der Welt. Ohne Wasser keine bewohnbare Erde. Das nennt man ein rationales Weltverständnis. Kann hier mal einer kurz das Krokodil übernehmen? Könnte sein, mein Rücken macht schlapp, es knirscht.«

Hab ich mir doch gedacht. Endlos Schildkröte sein und dabei kluge Sachen erzählen, das geht nicht gut. Lisa und ich springen sofort los, aber Lucas ist schneller. Auch gut. Er kriegt sofort vom Prof ein richtig dankbares Grinsen. Nur hat Lucas vergessen, dass er ja auch noch Baby an der Strickleine hat, der wedelt begeistert hin zum Bach und Celia, und jetzt hat Lucas gleich auf zwei aufzupassen. Baby soll nicht in den Bach fallen und Celia nicht vom Krokodil platschen. Das schafft er schon.

Der Prof dehnt und streckt sich ausführlich und wird wieder zum Prof, der so viel weiß.

»Ratio heißt übrigens Vernunft.« So was! Tim hat das gebrummelt. Woher weiß er denn sowas? Dumme Frage, von seinem Papa natürlich, und da kommt's auch schon!

»Mein Papa sagt das oft, wenn ich mal wieder zu viel gemampft hab. Dann klopft er mir auf meinen Kopf und sagt, da wäre Ratio drin, Vernunft. Die soll ich bitteschön benutzen. Dann boxt er mir auf meinen dicken Po. Aber nicht schlimm.«

»Da bin ich aber froh, Tim!«, grinst der Prof und klopft sich auch auf den Kopf. »Der eine benutzt seinen Verstand, um sich nicht die Hucke vollzufressen, und der andere, Thales, benutzt ihn, um die Welt zu verstehen. Wie schon gesagt, er war davon überzeugt, Wasser ist das wichtigste Element, und er hat sogar behauptet, die Erdbeben kämen nur zustande, weil die Erde auf dem Meer schwämme. Wenn so Erdteile zusammenstoßen auf dem Geschwabbel, dann gäb's eben ein Erdbeben. Ja, das hat er gedacht. Was sagt ihr dazu?«

Fragt er uns jetzt wirklich oder will er es selber sagen?

Da kommt's auch schon, er wirft die Arme hoch.

»Armer Thales, das war Blödsinn, absolut falsch gedacht, Pech gehabt. Wir wissen es heute besser, nicht wahr? Unsere Erde dreht sich als Planet im Kosmos, nix Wasser drumherum, sondern Wasser, oh wie gut für uns, auf der Erde drauf. Aber, jetzt kommt was ganz Wichtiges, das müsst ihr wissen, hört mir gut zu, ehe ihr über den Thales kichert, der sich so geirrt hat! Seinen Philosophen-Kollegen, die sich Gedanken gemacht haben über Feuer, Luft und Erde, ging's auch nicht besser! Davon später. Lucas, könntest du mal bitte das Krokodil anhalten? Danke! Und würde Baby jetzt mal die Schnauze halten, wär's auch nicht schlecht.«

Keiner von uns kichert, weil, der Prof faltet die Hände, als wolle er beten, und er sieht so aus, wie er selten aussieht, nämlich richtig andächtig. Wir sind alle mucksmäuschenstill, sogar Celia mit Daumen im Mund auf ihrem Krokodil und sogar Baby winselt und wackelt nicht herum, er hat sich auf die Füße vom Prof geplatscht und benagt still seine Turnschuhe.

Der Prof merkt es nicht.

»Von welchen allerersten Philosophen ich euch auch erzählen werde, eines müsst ihr wissen: Die waren allesamt nicht dümmer als wir, sie hatten nur noch nicht die Möglichkeiten, die wir heute haben. Wir haben Geräte, wir können damit Experimente machen. Wir können messen, wir können vergleichen, wir können nachlesen, wir können... ach, was erzähle ich da! Was wir wissen können und was wir tun sollen, ist doch nichts anderes, als herauszufinden, was nicht funktioniert, merkt auf, meine Freunde! Was *nicht* funktioniert! Somit probieren wir was Neues aus und hoffen...« Er schlenkert seinen Fuß, Baby nagt immer noch. Wenn der noch lange so nagt, ist der Turnschuh gleich kaputt.

»Freunde!«, ruft der Prof, und so ernst hat er noch nie gerufen.

»*Nicht* funktioniert, ich wiederhole es! Wichtig, wichtig, wichtig! Lisa, schreib auf oder lass es sein. Zuhören ist wichtiger! Reinschreiben ins Hirn noch wichtiger! Und jetzt kommt was, was mir am Herzen liegt! Unsere alten griechischen Philosophen, die zum ersten Mal die Welt mit ihrer Vernunft, der Ratio, betrachtet haben und nicht die Götter bemühten, die sind für mich wie Wissens-Riesen! Vom Mythos zum Logos, ihr erinnert euch. Auf deren Schultern sind Wissens-Zwerge geklettert, haben profitiert vom Wissen der Riesen, haben es korrigiert. Und dann sind auf deren Schultern wieder neue Zwerge geklettert, haben wieder korrigiert, neu gedacht und wieder Zwerge obendrauf, wieder neue Erkenntnisse und so weiter und so fort. Nichts anderes sind wir als Zwerge, die auf den Schultern derer stehen, die uns vorgedacht haben! Ohne unsere Riesen, Thales, Heraklit, Anaximenes, Empedokles und wie sie alle hießen – von denen erzähle ich später, erinnert mich daran – ohne diese Denk-Riesen, Wissens-Riesen, auf deren Schultern wir Denk- und Wissens-Zwerge stehen und weiter und weiter denken, wären wir immer noch dumpfe Geschöpfe, die auf Bäumen hockten und nach Bananen suchten. Na ja, verzeiht mir den Vergleich, er haut nicht ganz hin. Aber so wie Zwerg auf Zwerg steigt, häuft sich Wissen auf Wissen. Und, ganz wichtig, auch Irrtum auf Irrtum. Den wir immer wieder versuchen zu korrigieren. Freunde, wir irren uns hoch! Aber wir irren uns nicht runter und landen wieder beim Mythos, beim Glauben, nein, wir irren uns empor!«

Er wirft die Arme hoch in die Luft und seine Augen hinter der Brille glitzern.

»Wir irren uns empor! Ist das nicht ein wunderbarer Gedanke, dass wir das können? Nur, weil unsere ersten Philosophen beschlossen haben, ihre Ratio, ihre Vernunft zu benutzen und nicht mehr die Götter für alles verantwortlich zu machen? Natürlich haben sich unsere ersten Naturphilosophen in vielem geirrt, Geduld, Geduld, von ihnen und ihren Irrtümern erzähle ich noch, erinnert mich daran. Mir ist es so wichtig, dass ihr begreift, ein Irrtum muss nicht entmutigen, sondern soll ein Ansporn sein, weiter zu denken, genauer zu denken, anders zu denken. Aber sagt mal ...«

Er ruckelt an seiner Brille, er kratzt sich am Bart.

»Habe ich euch das denn nicht schon mal erzählt?«

Wir kichern ein bisschen, wir nicken ein bisschen, hat er, nur mit anderen Worten. Aber unserem Prof zuzuhören, wie der Gaul wieder mal mit ihm durchgeht, das ist immer spannend. Weil, das hat ja auch immer was direkt mit uns zu tun, meine ich. Und wenn er's zwei Mal erzählt, klebt's besser in unseren Köpfen.

In Tims Kopf brodelt es, ich seh's genau, er nimmt sogar seine ewige Kappe ab.

»Wenn ich mal wieder was falsch gemacht hab und zu viel genascht hab oder so, dann war das ein Irrtum, den kann ich korrigieren«, brummelt er und seufzt tief auf, aber irgendwie zufrieden. »Dann esse ich eben die nächsten drei Tage oder zwei bloß noch Karotten. Ich hab mich eben nach oben geirrt, weil ich gedacht habe, Schokolade ist besser für mich. Das sag ich meinem Papa!«

Der Prof grinst, aber Lisa fällt sofort her über den denkenden Tim. »Aber du glaubst doch nicht im Ernst, dass du die Konsequenz deiner Erkenntnis durchhältst, Karotte ist besser als Schokolade. So wie ich dich kenne, und dein lieber Papa auch, irgendwann naschst du wieder und zackdibumm, haste dich nach unten geirrt, zurück zur Schokolade, zum Mythos, lieber Tim, zum Mythos!«

»Wahrscheinlich«, murmelt Tim und setzt seine Kappe wieder auf, runtergezogen bis zur Nase.

Mensch, Lisa, das war aber jetzt wirklich ein bisschen gemein, wir haben doch so gestaunt, dass Tim gut denken will.

»Aber er denkt falsch, Ida!«, ruft Lisa empört, und ehe wir streiten, zupft der Prof an ihrem Pferdeschwanz.

»Meine gute Lisa, diese Selbsterkenntnis von meinem lieben Freund Tim hilft ihm, seinen Irrtum zu korrigieren, Schokolade sei besser als Karotte. Die Karotte ist bloß gesünder, macht nicht dick, aber besser als Schokolade schmeckt sie nicht, mir jedenfalls nicht. Wenn Tim es schafft, mit diesem Wissen mal drei oder auch zwei Tage zu leben, dann ist er schon ein Wissens-Zwerg, der auf den Schultern von einem Schokoladen-Zwerg steht, du verstehst, was ich meine?«

Lisa nickt, zufrieden ist sie nicht.

»So 'n Schokoladen-Zwerg täte doch meinen fetten Kumpel Tim gar nicht aushalten«, kichert Lucas und versprüht Spucke. »Der Zwerg wäre ja in null Komma nix Matsch, Schokoladenmatsch.« Er kichert sich halbtot, der Blödmann, und merkt nicht, dass keiner mitkichert, Tim schon gar nicht, der sieht richtig traurig aus.

»Weiterfahren!«, kreischt da Celia und zappelt herum auf ihrem Gummimonster im Bach. Baby fiept, er will zu Celia, kann aber nicht, Lucas hat ihn fest an der Leine und zerrt ihn immer wieder vom Bachrand zurück. Richtig ungeduldig.

»Geht's jetzt endlich weiter oder was?«, zischelt er. »Ich will zum Kletterfelsen, so war's abgemacht!«

»Und ich will, dass du dich beim Tim entschuldigst, und zwar sofort!«, ruft Lisa streng. »Deine blöden Witze hat er nicht verdient, haste kapiert?«

Der Prof schweigt, vom Kindergetümmel hier hat er überhaupt nichts mitgekriegt. Er starrt in den Himmel mit gerunzelter Stirn, so, als wären da oben Gedanken, die er unbedingt denken muss. Ja, aber die soll er uns doch erzählen, dafür sind wir doch hergekommen! Ich zupfe ihn vorsichtig am Hemd ... auweia, das war falsch! Er zuckt zusammen, macht einen Schritt rückwärts und ... nein, Prof, nein! Stopp, da ist doch ...

Zu spät. Wir kreischen alle los.

Unser Prof ist in den Bach gefallen! Und ich bin schuld!

Jetzt ist alles aus! Bestimmt hat er sich wehgetan, bestimmt ist er stocksauer, bestimmt will er sofort heimfahren, bestimmt will er ... will er aber gar nicht!

Klatschnass steht unser Prof im Bach, schüttelt sich ... und lacht! Und wie!

»Freunde, ich bin wie Thales von Milet!«, japst er, und sein pitschnasser Sonnenhut hängt halb auf seiner Nase.

»Der ist nämlich, weil er immer in den Himmel geschaut hat, seinen Gedanken hinterher, platsch, in einen Brunnen gefallen. Was haben da die Leute gelacht! Siehste, siehste, der weiß vielleicht, was sich da oben tut, aber was da unter seinen Füßen ist, das weiß er nicht. Da war er ziemlich stinkig, nehme ich an. Ich aber nicht, macht euch keine Sorgen.«

Und damit klettert er raus, kichert immer noch und tropft uns alle nass.

»Das ist nun mal so. Wenn jemand so dahinspaziert und darüber nachdenkt, was da so ist in unserer Welt, dann wird er leicht für ein bisschen bekloppt gehalten, ihr dürft also ruhig lachen.«

Nee, Prof, so denken wir nicht, ganz bestimmt nicht, und ich bin so froh, dass du heil bist und nicht sauer, und den Thales hätten wir bestimmt nicht ausgelacht, sondern ihn ausgefragt, ganz bestimmt, und dich lachen wir auch nicht aus. Und dass Celia entzückt kreischt: »Der da kann nicht schwimmen! Ist wie ich!«, das darfst du ihr nicht übel nehmen, sie kapiert doch noch nix. Aber jetzt ganz schnell zurück zu deinem Zelt, Prof, du musst dir doch trockene Sachen anziehen.

Unsere Wanderung war schon wieder ziemlich kurz.

Ein Quiz mit Prof, Göttern und Streit

Im Prof-Zelt rumort der Prof, und wir hocken davor und warten, bis er wieder rauskommt. Er braucht ziemlich lange. Tim schielt hin zum Kuchenkorb, doch der ist leer.

Lucas haut nach Stechmücken und fängt keine, Lisa kaut nachdenklich auf ihrem Pferdeschwanz, und Celia hopst auf ihrem Gummi-Monster herum, das wackelt im Gras. Baby ist eingeschlafen, Nase zwischen die Pfötchen vergraben, so ein winziger Wollmops.

Die Sonne scheint immer noch, Vögel zwitschern in den Bäumen, nicht viele, aber doch. In der Ferne plätschert der Bach, die Luft riecht irgendwie sauber, nämlich nach gar nix. Bei uns in der Stadt riecht sie schon, nämlich oft stinkig.

Eigentlich haben wir hier jetzt alles, was zu unserem Leben gehört. Erde, Wasser, Luft und Feuer... nee, das haben wir noch nicht. Aber heute Abend gibt's ein Lagerfeuer, das hat der Prof versprochen. Bloß den Prof haben wir noch nicht, er wühlt immer noch im Zelt herum. Hoffentlich findet er bald eine trockene Hose. Ich rutsche näher zum Zelt und horche.

Da kichert Lisa los: »Spielst du jetzt Zerberus oder was? Das ist nämlich der Höllenhund, der bewacht die Hölle von den Göttern. Genau so siehst du jetzt aus, als wär da drinnen dein Gott, Ida.«

Ich werde knallrot, ich merk's genau. Mensch, Lisa, was sagst du denn da! Lucas und sogar Tim kichern sofort mit, und Celia kräht auf ihrem Krokodil: »Ida is ein Wauwau, Ida is ein Wauwau!«

Seid ihr jetzt alle nur blöd oder was? Ich wollte doch nur... und da kriecht der Prof rückwärts aus seinem Zelt und trifft mich voll am Bein. Aua. Also, so schlimm war der Fußtritt gar nicht, aber zum Heulen reicht's.

»Sagt mal, Freunde«, sagt er und zupft an seinem Sonnenhut, der tropft immer noch ein bisschen. »Hab ich was verpasst? Kichernde Kinder, eine weint, was ist los?«

Gar nichts, Prof, gar nichts, ich bin keine Petze. Wir haben bloß auf dich gewartet. Ich wische mir schnell die Tränen weg.

Jetzt ist er ja da! Meine Tränen sieht er trotzdem.

»Ich hab bloß gesagt, Ida ist wie der Zerberus, das war nicht nett«, flüstert Lisa und gibt dem Prof ein Taschentuch. Der drückt es mir sofort in die Hand... ach, Prof...

»Zerberus, der Höllenhund, bewacht die Unterwelt der Götter, den Hades. Ein gutes Stichwort, Lisa! Betrachten wir uns jetzt doch mal die Götter, an die die alten Griechen glaubten. Die saßen im Olymp.« Er zeigt nach oben. »Von da oben aus haben sie mächtig rumgewerkelt. Das glaubten die Griechen.«

»Die Götter kenne ich schon!«, ruft Lisa und springt auf.

Gleich wird sie alle Götternamen runterrattern. Nein! Tut sie nicht! Sie winkt uns rein ins Kinderzelt, auch Celia, die hopst sofort vom Krokodil und zerrt es dem Prof auf den Schoß, und Baby muss aufwachen und rein ins Zelt, Lisa hat's gesagt. Lisa, was soll das denn jetzt?

Der Prof weiß es auch nicht und hockt alleine mit dem Gummi-Monster ziemlich verblüfft im Gras.

»Jetzt machen wir ein Quiz!«, ruft ihm Lisa noch zu. »Bitte dableiben, du bist der Kandidat, okay?«

»Nur zu!«, ruft der Prof zurück und grinst. »Ein Kandidat war ich noch nie.«

Im Kinderzelt ist es heiß und voll, Baby zerrt sofort an einem Schlafsack. Aber lustig ist es auch, es wird getuschelt und gekichert. Die Idee von Lisa ist nämlich toll!

Sie erzählt uns jetzt ganz schnell was von den Göttern, und wir sollen den Schnabel halten und gut zuhören, damit wir alles behalten. Weil, wir sind jetzt Götter, und der Prof, der muss uns erraten! Und vorsagen gilt nicht! Jawohl, Frau Lehrerin.

Aber wir müssen uns wirklich sehr konzentrieren, weil, wir müssen nämlich mehrere Götter sein. Davon gibt's nämlich mehr als bloß sechs, sagt Lisa, und sie muss es ja wissen.

Endlich schubst Lisa uns raus, vorneweg flitzt Baby und dahinter gleich Celia. Die wird aber von Lisa sofort wieder eingefangen.

»Hiergeblieben, du willst doch ein Gott sein, oder nicht? Du hast es mir versprochen!« Celia nickt eifrig und greift brav nach der Hand ihrer Schwester. Und so kriechen wir, ziemlich würdevoll, finde ich, aus dem Zelt und bauen uns auf vorm Prof. Der liegt schon wieder im Gras, kaut an einem Grashalm und blinzelt in den Himmel, nee, in den Olymp.

Lisa zählt leise eins, zwei, drei, und wir trompeten im Chor: »Wir kommen von da oben her, wir sind die Götter, bitte sehr!«

Sofort springt der Prof auf, verneigt sich tief vor seinen Göttern und murmelt mit heiliger Stimme: »Oh, ich kläglicher Erdenwurm, oh, diese Ehre verdiene ich nicht, oh, heilige Götter, ich bin geblendet von so viel Glanz in meiner armseligen Hütte.«

»Jetzt beruhig dich mal wieder, Kandidat, spitz die Ohren und antworte klar und deutlich«, sagt Lisa streng und tritt vor. »Ich bin der Göttervater, ich bestrafe jeden, der nicht an mich glaubt! Wie heiße ich?«

»Zeus natürlich!«, sagt der Prof, wieder mit normaler Stimme. »Du bist zuständig für Himmel, Blitz und Donner. Passt wunderbar zu dir, wenn ich mir die Bemerkung erlauben darf. Besonders das mit der Bestrafung.«

»Diese Bemerkung erlaube ich nicht«, sagt Lisa und runzelt die Stirn, aber seine hundert Punkte hat sich der Kandidat verdient. Sie bückt sich zu Celia und flüstert ihr was ins Ohr. Die nickt ganz ernsthaft, marschiert zum Prof und zieht ihn am Hemd. Er soll sich bücken, Mensch, Celia, warum denn das? Weil sie ihm was ins Ohr flüstern will. So war das aber nicht ausgemacht, Celia! Spielst du jetzt »Stille Post« oder was?

»Darf ich's laut sagen, Celia?«, fragt der Prof und richtet sich wieder auf. Celia nickt stolz und greift nach seiner Hand.

»Sie hat gesagt, sie habe Wasser gern und mich auch, weil ich zu ihr ins Wasser gefallen sei, und sie heiße Celia und nicht so, wie Lisa im Zelt gesagt hätte.«

Wir kichern, ach Celia... nur Lisa verdreht die Augen und seufzt tief. Nix kapiert, der Zwerg, sie hat es ja geahnt!

»Da würde ich doch sagen, hier an meiner Hand hüpft Poseidon, der Gott des Meeres, aber auch verantwortlich für Erdbeben. Er

besitzt kein tolles Gummi-Schwimm-Monster, sondern einen tollen Dreizack. Stimmt's, Celia?«

»Neeee, Krokodil!«, kreischt Celia und reißt sich los, hin zu Baby. Baby zappelt aber längst in den Armen von Lucas, will hin zu Celia. Darf er aber jetzt nicht, er ist doch auch ein Gott. Lucas hält Gott Baby hoch.

»Aha!«, sagt der Prof und überlegt. »Könnte Zerberus sein, das würde eigentlich zu ihm passen, statt Unterwelt bewacht er Celia. Jedoch ...«

»Falsch, falsch, Kandidat!«, ruft Lisa erfreut. »Der war kein Gott, falsch! Keine hundert Punkte!«

»Moment mal, Zeus, kriege ich nicht eine zweite Chance? Sei gnädig, gib mir einen Tipp«, bittet der Kandidat.

»Na gut«, sagt Lisa und hält Celia fest, die sich Baby schnappen will. »Aber bloß ein einziges Wort, na ja, drei! Herrscher der Unterwelt.«

»Hades heißt er, Hades!«, ruft sofort der Prof. »Zuständig für die Unterwelt, dort haben die Götter die Hölle angesiedelt. Hades heißt der Gott, Hades heißt aber auch die Unterwelt. Bitte Lucas, sei so lieb und lass endlich Hades runter, der will wohl lieber Zerberus sein und statt Hölle seine Celia bewachen. Vielleicht sollten wir ihn lieber Zerberus nennen, was meint ihr?«

»Das steht jetzt überhaupt nicht zur Debatte!«, sagt Lisa und Baby-Hades-Zerberus springt erleichtert aus Lucas' Klammer-

armen. »Und der Kandidat kriegt leider keine hundert Punkte, weil, die erste Antwort war falsch!«

»Schade«, nickt der Prof und wischt sich Wassertropfen von der Nase. »Darf ich trotzdem noch mitspielen?«

Darf er, denn jetzt bin ich dran, von mir kriegt er doch jede Chance, die er nur will! Aber vielleicht wird's für ihn schwierig, weil, ich bin gleich zwei Göttinnen. Die gab's nämlich auch, nicht bloß Männer. Aber ich mache es ihm leicht!

»Ich bin die Göttin, die kümmert sich um die Erde und die Ernte und so was. Wie heiße ich?«

»Demeter, Ida!«, ruft der Prof und winkt mir zu. »Du bist die Erdgöttin, die Muttergöttin, die Fruchtbarkeitsgöttin. Du trägst einen goldenen Ährenkranz im Haar, hast im Arm einen Korb mit Obst und Blumen. Steht dir gut!«

Ich werde ein bisschen rot, aber mein Kandidat hat auf jeden Fall schon gewonnen, denn die andere Göttin, die ich bin, errät er

bestimmt sofort. Aber ehe ich ihn befragen kann, zwinkert er mir zu und lächelt: »Ida, verzeih, ich glaube, ich weiß bereits, wie die andere Göttin heißt. Es muss Aphrodite sein, die Göttin der Liebe und der Schönheit. Habe ich recht, schöne Göttin?«

Und jetzt bin ich nicht nur rot, sondern knallrot...

Lucas prustet los, Tim kichert, Lisa auch. Aber ihr Kichern klingt überhaupt nicht neidisch. Trotzdem steckt irgendwie in meinem Hals ein Kloß, ein stolzer oder ein verlegener?

»Mein Kandidat hat zweihundert Punkte«, krächze ich. Wie kann man nur so blöd krächzen, wie peinlich.

Aber Tim rettet mich. Er baut sich auf vorm Prof und brummelt: »Ich bin auch zwei Götter!«

»Das glaube ich dir sofort, Tim«, kichert der Prof und klopft ihm liebevoll auf den Bauch. Aber Tim ist nicht beleidigt. Er nickt nur: »Also, ich hab die Sonne gern, weil man dann draußen sitzen kann zum Eisessen, und ich habe gerne, wenn ich was voraussagen kann. Das kann ich nämlich. Was morgen passieren wird oder später. Ob man da kein Eis mehr essen kann, egal ob drinnen oder draußen, weil alle Eis-Cafés abgebrannt sind oder so was Schreckliches. Ich kann was ganz Besonderes, aber wie das heißt, hab ich vergessen. Mein Papa wüsste das jetzt.«

»Ich auch, mein Freund, ich auch!«, lacht der Prof. »Du bist Apollon, richtig? Und das Wort, das du vergessen hast, dein Papa aber nicht, das heißt Prophetie. Du prophezeist etwas, was noch nicht eingetroffen ist, aber eintreffen könnte.«

»Genau!«, brummelt Tim. »Ich bin Apollon, aber ich hab noch was anderes gerne, fängt auch an mit »P«. Hoffentlich weißt du das, sonst kriegste nicht ganz hundert Punkte.«

»Kriege ich doch!«, sagt der Prof. »Apollon, es ist die Poesie, du bist auch der Gott der Gedichte.«

»Genau!«, nickt Tim. »Die kann ich gut leiden, die sind immer so schön kurz. Aber deine Punkte kriegste immer noch nicht, weil, ich bin ja noch ein Gott. Den hab ich aber nicht so gerne, der trinkt furchtbar viel Wein, hat so Blätter im Haar und hat es gerne furchtbar laut. Und alle sollen rumhüpfen und tanzen und singen, das finde ich blöd. Aber Lisa hat gesagt, der Gott passt zu mir. Weil er im Lexikon so aussieht wie ich! Ganz fett! Wie heiße ich?«

»Dionysos natürlich, mein Lieber, du bist der Gott des Weines, der Freude, der Ekstase. Eben rumtanzen wie blöd, saufen, grölen, du schmückst dein Haar mit ganzen Wein-

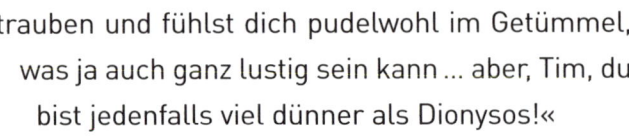

trauben und fühlst dich pudelwohl im Getümmel, was ja auch ganz lustig sein kann ... aber, Tim, du bist jedenfalls viel dünner als Dionysos!«

Der Prof zwinkert Tim zu, der nickt zufrieden: »Stimmt! Hundertfünfzig Punkte!«

»Zweihundert!« Der Prof hält zwei Finger hoch.

»Nee, das mit dem Dionysos war zu leicht, nix zu machen«, brummelt Tim und schnauft.

»Na gut, kriegst hundertsechzig Punkte, weil du gesagt hast, dass ich dünner bin.«

»Geizkragen«, murmelt der Prof und schaut sich um. »Wo ist denn bitte mein nächster Gott?«

»Lucas!«, schreit Lisa. »Komm her, aber sofort! Was machst du denn da?« Ja, was macht der denn da? Der schleicht ins Zelt vom Prof, kommt rausgeschlichen mit dem Schlafanzug, guckt sich heimlich um und versteckt den Schlafanzug im Gebüsch. Dann kritzelt er was auf einen Zettel, dann wedelt er ganz komisch mit seinen Füßen, kommt angewetzt und überreicht dem Prof den Zettel mit einem Krikelkrakel drauf und zischelt stolz: »Jetzt aber! Weißte, wer ich bin?«

»Ein Blödmann!«, murmelt Lisa, aber der Prof lacht und wedelt mit dem Zeigefinger: »Aha, eine Rate-Variante, sehr amüsant. Also, Punkt eins, es wurde was geklaut. Punkt zwei, an Lucas Füßen flattert was, was da sonst nicht flattert. Punkt drei, die Überbringung einer Botschaft, zwar nicht leserlich, spielt jetzt aber keine Rolle. Das Überbringen ist das Wichtige. Was schließe ich daraus? Es kann sich nur um Hermes handeln, den Gott der Diebe, aber auch der Götterbote, und damit es schnell geht mit der Post, hat er Flügel an den Füßen. Ich wünschte manchmal, die hätte unsere heutige Post auch. Wie auch immer, Lucas, liege ich richtig?«

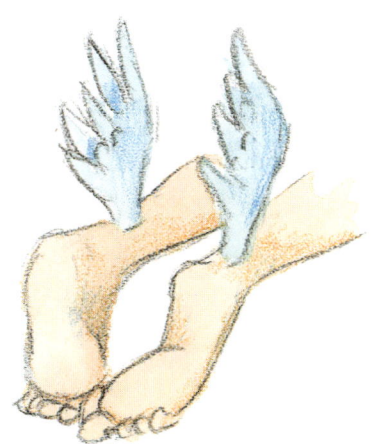

»Liegst du!«, lispelt Lucas. »Kannst schon hundert Punkte einsacken, aber freu dich nicht zu früh, weiter geht's, ich bin nämlich noch ein Gott!«

Und schon wetzt er wieder weg, greift sich ein Stöckchen und schwingt es durch die Luft. »Das ist mein Schwert, sieht man ja!«, schreit er und haut damit ... nein, Lucas, nein, das kannste doch nicht machen ... er macht's doch! Mit Schwung fegt er dem Prof den Sonnenhut vom Kopf, der Hut bleibt hängen am Stöckchen, nee, am

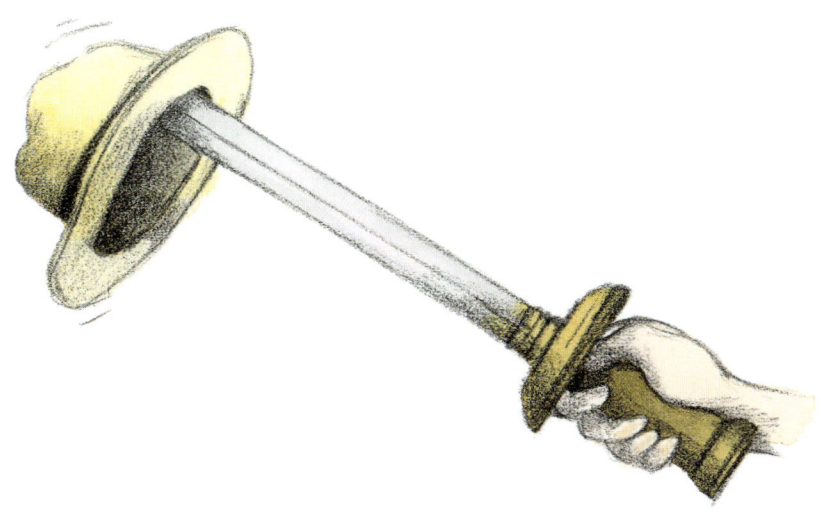

Schwert. »Meine Beute!«, jubelt Lucas ganz ohne Spuckerei, und zack, kriegt Lisa einen Schwinger ans Knie, ich in den Rücken, Tim auf die Kappe. »Los, fallt schon um, ich hab euch erledigt!«, kreischt Lucas und schaut sich richtig grimmig um, wen er jetzt noch erledigen kann. Keiner mehr da, also drischt er auf Gräser und Büsche ein, es macht ihm einen Riesenspaß.

»Ares, Ares, Erbarmen!«, schreit der Prof und fällt auf die Knie. Ach so, er sucht seinen Sonnenhut. »Ares, du bist der Gott des Krieges, das war ja nicht zu übersehen und zu spüren, flixnocheins.« Er reibt sich die Nase, die hat wohl auch was Kriegerisches abgekriegt. »Bitte verschone mir jetzt die Flora, denn die hat dir auf keinen Fall den Krieg erklärt. Wie du weißt, Lucas, liegt das nicht in ihrer Natur.«

»Hab ich doch bloß gemacht, damit du's besser kapierst, Kandidat!«, zischelt Lucas und schmeißt sein Stöckchen-Schwert in die Büsche. Lisa, Tim und ich dürfen wieder lebendig sein und der Prof kriegt seine verdienten Punkte.

Er reibt sich immer noch die Nase.

»Ich bin froh, dass dein Krieg beendet ist, Lucas. Wobei Ares, der Gott der Kriege und der Schlachten, angetan mit Helm und Schild, beileibe nicht selber um sich gehauen hat wie du jetzt. Er hat oben im Olymp gehockt und vermutlich seinen Kriegern *Immer feste druff!* zugerufen. Hat es ihn und die anderen Götter denn tatsächlich leibhaftig gegeben und nicht nur in der Vorstellung der Griechen? Was meint ihr?«

Also Prof, ich meine, die Götter haben sich die Griechen bloß ausgedacht. Weil, wenn sie sich zum Beispiel unbedingt haben kloppen wollen und eigentlich war's gemein, dann haben sie sagen können, wir sind nicht schuld, der Ares hat uns dazu angestiftet. Ich meine, das war mit allen Göttern so. Wenn's gut war, waren die Griechen froh und haben sich bedankt, wenn's bös war, waren sie sauer. Aber das, glaube ich, haben sie sich nicht getraut, den Göttern zu sagen. Sonst werden die zornig und dann passiert wer weiß was. So können sie gedacht haben damals, Prof. Stimmt's?

»So könnte es gewesen sein, Ida!«, nickt der Prof und ist kein Kandidat mehr, sondern wieder unser Prof, der uns was zu erzählen hat. Er setzt sich, rückt in den Schatten der Bäume und winkt uns zu sich.

»Bleiben wir noch ein wenig bei den Göttern, meine Götter. Ihr habt mir eine prima Auswahl geboten, danke, Lisa, gut gemacht, aber ich habe mich doch auch recht wacker geschlagen, oder?« Er legt den Kopf schief und blinzelt uns an.

Sofort strecken wir alle Daumen hoch, die wir haben, und wenn er das Lob auch noch hören will, kriegt er's geliefert, und zwar im Chor: »Gut gemacht, Kandidat!«

Der Prof verbeugt sich und erzählt weiter: »Es gibt natürlich noch mehr Götter und Göttinnen, aber die müsst ihr jetzt nicht alle kennen. Lasst mich nur kurz erzählen von Göttinnen, die mir besonders gefallen. Da ist zum Beispiel Artemis, die Göttin der Jagd und des Mondes, aber auch die Beschützerin der Mädchen und der Frauen. Dass eine Göttin ihre Kolleginnen beschützen möchte, ist verständlich. Dass sie vom Mond nichts Böses runterfallen lässt, versteht sich, wozu sollte sie das wollen? Aber dass sie die Jäger beschützt, ist doch verwunderlich, die Jagd war doch der Job der Männer. Warum beschützt die nicht ein Gott?«

Also nee, Prof, da liegst du aber falsch. Ist doch klar, warum das eine Göttin ist, weil, Jagd ist wichtig, die Jäger bringen nämlich ein Tier und damit was zu essen nach Hause. Die Frau brät das Fleisch dann, und es schmeckt allen gut, und alle sind satt. Die Griechen-Männer waren ja nicht doof, die haben gleich kapiert, dass sie nicht kochen können, bloß jagen. Und dass sie es den Frauen zu verdanken haben, wenn sie sich den Bauch vollschlagen können. Drum haben sie sich eine Göttin gedacht, die ihnen bei der Jagd Glück bringt bis hin zum Herd. Oder der Feuerstelle oder so was Ähnliches. Dann konnte Artemis sich wieder ausruhen, weil, dann haben die Hausfrauen alles übernommen.

Ich schau zum Prof, hoffentlich war das jetzt nicht blöd.

»Ein interessanter Gedankengang, Ida«, sagt er und schaut die anderen an. »Seid ihr auch meiner Meinung?«

Tim grunzt, Lucas rupft Gras, Lisa nickt, aber ziemlich widerwillig.

Der Prof seufzt. »Ida, dein verdienter Applaus fällt ziemlich schwach aus, woran mag das wohl liegen? Widerspruch kommt nämlich auch nicht, soviel ich höre, vielmehr, ich höre gar nichts. Na los, rafft euch auf, Gedanken-Penner können Ida und ich nicht gebrauchen, stimmt's, meine Gute?«

Ich nicke stolz und rücke näher zum Prof, der legt den Arm um meine Schultern, und das war nicht gut, leider.

Lisa legt los: »Ich finde das von Ida gar nicht schlecht, aber richtig toll finde ich's auch nicht. Da muss es noch eine andere Erklärung geben, mehr so erwachsen, meine ich, nicht so kindisch. Aber was ich noch mehr finde, ist, dass du ganz schön oft der Ida zuhörst bei ihrem ellenlangen Denken, bei uns machst du das nämlich nicht! So!«

Der Prof runzelt die Stirn.

»Und ich finde, dass wir hier viel zu lange rumquatschen, ich will endlich mal zum Kletterfelsen, den hast du uns versprochen!«, zischelt Lucas, und Tim murmelt: »Die Frauen-Götter sind langweilig, kommt mal wieder was von 'nem Männer-Gott. So was wie mein Papa!«

Mir ist ganz komisch, hab ich was falsch gemacht? Hat mein Prof was falsch gemacht? Warum sind die plötzlich so sauer und hacken auf uns rum, auf dem Prof und mir? Oder darf ich jetzt überhaupt nicht mehr denken? Was soll ich denn jetzt machen? Mäuseklein werden und verschwinden?

»Was meinst du, Ida, nehmen wir die Kritik an?«, sagt der Prof, noch immer den Arm um meine Schultern. Ich bleibe stocksteif hocken.

»Also gut, betrachten wir sie uns erst mal, die Kritik. Du meinst, liebe Lisa, Ida bekäme zu viel Aufmerksamkeit von mir. Ich, euer Prof, bin mir aber dessen nicht bewusst, Hand aufs Herz. Du bist ein sehr kluges Mädchen und eine tapfere große Schwester für den Zwerg, eine manchmal zu große Verantwortung, die du mutig trägst, das soll dir mal jemand nachmachen! Dass du da manchmal denkst, du kommst zu kurz, verstehe ich gut. Machen wir es doch so, Lisa, wenn's dir wieder stinkig wird, dann sage es bitte sofort laut und deutlich. Wir sind hier, um zusammen zu reden und zu denken, und nicht die beleidigte Leberwurst zu spielen. Einverstanden? Hand drauf?« Er hält Lisa die Hand hin, die schluckt, die schnieft, dann schlägt sie ein. »Jetzt zu Lucas, dem Sausewind. Deine Kritik nehme ich nicht an, nee, nee. Wir quatschen hier nämlich nicht einfach so

rum, was ja hin und wieder lustig sein kann, wir bewegen ziemlich intensiv unseren Denkapparat.« Er klopft sich an die Stirn.

»Bei euch, auch bei dir, sprudelt da Erstaunliches raus, das finde ich spannend. Dass deine Beine ungeduldig zappeln und unbedingt klettern wollen, verstehe ich, du bist nun mal so geboren, und daran ist nichts falsch. Aber um Geduld muss ich dich bitten, oder deine Beine? Jetzt zappeln noch unsere Argumente, der Kletterfelsen zappelt dir auf keinen Fall weg. Zufrieden?«

Lucas nickt und streut sich ausgerissenes Gras auf den Kopf.

Der Prof kichert. »Asche auf dein Haupt, sozusagen? Ich werte das als Schuldbekenntnis, aber wir wollen doch nicht übertreiben, Lucas.«

Der grinst breit, dass seine Zahnspange blitzt, wischt sich sauber und stupst Tim auf die Kappe: »Jetzt ist der dran mit einer Abreibung!« Tim grunzt und starrt auf seine Füße.

»Ja, unser Tim«, sagt der Prof und hebt ihm das Kinn hoch, jetzt bin ich seinen Arm los. Schade. »Unser Tim liebt seinen Papa sehr, das ist schön, sehr schön sogar. Papa, das große Vorbild. Und Papa liebt seinen Tim ebenso, da bin ich sicher. Auch das ist schön, sehr schön sogar. Aber, Tim, zwar fühlst du dich jetzt vermutlich wie ein Zwerg, der auf den Schultern vom Riesen Papa steht, bildlich gesprochen, du verstehst, was ich meine. Du musst aber wissen, dass der Zwerg auch eine Stimme hat, eine Meinung, eine Erfahrung. Die darf man hören, die ist interessant. Du wirst ja auch mal ein Papa-Riese sein, hoffe ich, auf dessen Schultern ein Zwerg steht, und der wird anders denken als du, vermutlich. Ziemlich logisch, oder?«

Tim grunzt. Er will lieber wieder seine Füße begucken, geht aber nicht, der Prof schaut ihm fest in die Augen.

»Tim, ich will dir deinen Papa ganz gewiss nicht miesmachen, Gott behüte, aber ein Gott ist er nun wirklich nicht. Kein Mensch ist ein Gott, na, das weißt du ja selber.«

Er lässt Tims Kinn los, aber der starrt immer noch dem Prof ins Gesicht, ein gutes Zeichen, finde ich ... oder doch nicht?

Doch! Weil er nämlich plötzlich lächelt, irgendwie spöttisch:

»Ist doch klar, dass mein Papa nicht so 'n alter Griechen-Gott ist, weil, dann müsste ich ja wissen, dass es ihn gar nicht gibt, dann müsste ich ihn ja glatt vergessen. Tu ich aber nicht! Brauchst keine Angst haben, Prof, keiner kann mir meinen Papa miesmachen, nicht mal du.« Und jetzt murmelt er wieder und starrt auf seine Füße. »Das mit den langweiligen Göttinnen hab ich nicht so gemeint, oder bloß so ein bisschen. Entschuldigung. Jetzt darfste noch was von einer erzählen.«

»Kritik angekommen, Kritik angenommen!«, ruft der Prof und springt auf. Er war kein bisschen traurig, so wie ich.

»Entschuldigung akzeptiert, Tim. Friede, Freude, Eierkuchen! Es sind aber zwei!«

»Eierkuchen?« Tim grinst breit.

»Göttinnen, mein Freund, Göttinnen!«, ruft der Prof und zieht ihm die Kappe runter bis zur Nase. »Hältst du das aus?«

»Wenn's dich glücklich macht, dann mach mal!«, grinst Tim unter der Kappe hervor.

»Na, dann mal los, mit dem Segen von Tim.« Der Prof verbeugt sich tief vor ihm und das sieht genauso spöttisch aus wie das Grinsen von Tim. »Hera heißt die Göttin, zuständig für Familie, Mutterschaft, Geburt. Dass die Griechen da eine Göttin gewählt haben, dürfte wohl keinen wundern. Um so was haben sich die Männer sowieso nicht gerissen, oder aber, sie waren sehr klug und haben kapiert, dass sie davon nix, aber auch gar nix verstehen. Lisa, würdest du mir da zustimmen? Du bist ja hier in Sachen Ersatz-Mutterschaft die Expertin.«

Lisa nickt stolz und schaut in die Runde. Ja, Lisa, wir haben es alle gehört und von allen kriegst du auch ein »Daumen hoch«.

»Aber«, sagt Lisa, »damals wär's mir lieber gewesen, wenn's ein Gott gewesen wäre, der hätte dann wohl Hero geheißen! Hero heißt nämlich auf Englisch Held, habt ihr das gewusst?«

Nein, Lisa, haben wir nicht, unsere Daumen bleiben oben. Nur der vom Prof nicht, er wischt ihr über die Stirn, eine Stechmücke weg. Da war aber keine!

»Ach, Lisa, du bist wirklich unschlagbar!«, lacht er. »Ein Gott, der sich derart geduldig und vor allem andauernd um so einen Wuselzwerg wie unsere Celia gekümmert hätte, der wäre wahrhaftig ein Held! Wahrscheinlich hätte er jämmerlich versagt. Sagt mal, ist noch Limo da? Ich würde gerne anstoßen auf unsere prachtvolle Hera!«

Sofort springt Lucas los und wir prosten mit unseren Pappbechern Lisa zu. Sie lächelt, aber nicht so wie Tim, sondern verlegen, und schaut sich um. Ich auch. Wir denken dasselbe, nämlich... wo ist eigentlich Celia und wo ist Baby? Wir sehen nichts, wir hören nichts von ihnen, und jetzt wird auch der Prof unruhig: »Muss ich mir Sorgen machen?«

Nee, muss er nicht, weil, wir spüren was! Lisa am Pferdeschwanz und ich am Jeans-Po. Bei ihr zupft was, bei mir knabbert was … und Celia kreischt: »Kuckuck, Lisa, such mich!« Die beiden haben sich angeschlichen und wir haben nichts gemerkt.

»Dummi!«, sagt Lisa richtig nett, zieht Celia auf ihren Schoß und drückt ihr ihren Limo-Becher in die Hand. Ich ziehe Baby auf meinen Schoß, und was Lisa kann, kann ich auch. Baby darf aus meinem Limo-Becher schlecken. Der Prof schaut zu und ist beruhigt, ich seh's genau. Alle Mann wieder an Bord, er kann weitererzählen.

»Übrigens haben die Römer in Italien die griechischen Götter übernommen und umbenannt in ihre Sprache, ins Latein.

Und so nennen wir sie auch heute noch, nur sind es keine Götter mehr, sondern Planeten in unserem Universum, ihr erinnert euch?«

Na klar erinnern wir uns. Wir haben doch mit ihm auf dem Fußballplatz Planeten gespielt und da hatten wir ganz andere Namen.

Der Prof nickt. »Zeus wurde zu Jupiter, Hades zu Pluto, Ares zu Mars, Aphrodite zu Venus und so weiter und so fort, müsst ihr euch nicht merken, noch sind wir ja bei den griechischen Göttern im Olymp. Ich finde es schön, dass man die Götter später nicht einfach in den Orkus geschickt hat. Orkus, Lisa?«

Lisa runzelt die Stirn: »Muss ich nachgucken.«

»Musste nicht«, brummelt Tim. »Wenn mein Papa sagt, das Geschäft ist im Orkus, dann hat er immer schlechte Laune und dann weiß ich genau, da ist was schiefgegangen. Aber ich bin nicht dran schuld.«

Ich muss kichern. Da ist er ja wieder, der alte Tim mit seinem Papa.

Aber Lisa kichert nicht. »Danke fürs Beispiel, Tim, nun weiß ich's. Der Orkus ist die Unterwelt!«

»Das Totenreich der Römer, die Griechen nannten es Hades«, bestätigt der Prof, und er zwinkert Lisa zu. Ich glaube, er ist froh, dass sie jetzt so friedlich ist. Sie hat sich ja sogar bei Tim bedankt. Der hat's auch gemerkt und zwinkert Lisa zu, so wie der Prof. Bloß klappert er dabei mit beiden Augen ...

»Jetzt wollen wir aber noch was hören von einer Göttin, da fehlt nämlich noch eine, stimmt's, Lisa?«

Die zwinkert gnädig zurück. Friede, Freude, Eierkuchen. Na, ob das wohl anhält?

Der Prof nimmt einen letzten Schluck, sofort gieße ich ihm Limo nach, jetzt kann er loslegen.

»Diese Göttin betrifft besonders euch Mädels!«, sagt er, schlürft die Limo weg wie nix, und prompt verschluckt er sich. Trinken und Erzählen wollen zusammen, das geht schief, er hustet und krächzt. Man muss ihm den Rücken klopfen ... aber ehe ich fragen kann, ob ich darf, kreischt Celia fröhlich: »Ärmchen hoch!«, und trommelt auf dem Rücken vom Prof herum.

Brav reißt der hustende Prof die Arme hoch und krächzt: »Es geht um Athene, die Göttin der Weisheit. Könnte ich bitte einen Schluck Wasser haben?«

Lucas flitzt los, und Lisa greift nach Celia, die trommelt uns ja sonst noch unseren Prof kaputt, er seufzt ja schon. Aber vor Erleichterung, das Wasser hat ihm gutgetan, vielleicht sogar die Trommelei.

Ganz ohne Gekrächze erzählt er weiter: »Athene, die Göttin der Weisheit. Ist das nicht erstaunlich? Weisheit, die hatten doch damals die Männer gepachtet, die waren doch die Denker. Nun ja, erst als sie die Natur genau beobachtet haben, haben sie sich ja von den Göttern entfernt, also auch von Athene. Aber interessant dabei ist doch, dass vorher die Weisheit, das Denken, das Wissen unter dem Schutz einer Göttin standen, Mädels, was haltet ihr davon?«

Ich schaue zu Lisa. Darf ich jetzt? Lisa nickt gnädig, los, Ida, aber blamier uns nicht.

Also, ich meine, die Griechen waren schon klug, weil, sie haben schon kapiert, dass Frauen auch gut denken können, bloß hatten die damals keine Zeit dazu, die mussten sich um den Haushalt kümmern. Und darum haben sie die Göttin Athene erfunden, die hat viel Zeit, die sitzt ja im Olymp, da wird nicht gekocht, nehme ich mal an.

Der Prof schmunzelt, und Lucas prustet los: »Athene rührt im Suppentopf und Zeus säuft ein Bier!«

»Das mit der Athene, das hätten die sich mal gut überlegen sollen«, kichert jetzt auch noch Tim. »Frauen putzen lieber, Denken ist nicht so ihr Ding. Das hätte mein Papa auch gesagt.«

So ein blöder Quatsch! Was sind das bloß für Blödmänner! Bestimmt bin ich knallrot, aber vor Wut. Und Lisa sieht aus, als würde sie gleich platzen.

»So ein dämliches Vorurteil!«, zischt sie richtig giftig. »Würde dein Super-Papa mal deiner Mama beim Putzen helfen, dann hätte sie mal Zeit, in Ruhe darüber nachzudenken, warum ihr Kind so 'n Fettwanst ist!«

Auweia, Lisa, das war aber hart. Und grad vorhin noch warst du doch ganz dicke mit Tim ... aber verdient hat er den Anschiss, jawohl! Tim sieht aus, als würde er gleich heulen, aber sofort legt Lucas die Hand auf Tims Kappe und zischelt wütend los: »Und dein Papa, Lisa, der könnte mal mehr Geld verdienen! Dann müsste deine Mama nicht dauernd arbeiten gehen und könnte nachdenken und sich um Celia kümmern, weil eine Mama das zu tun hat. Und du hättest den nervigen Zwerg nicht dauernd an der Backe! So, jetzt hast es aber.«

Celia reißt die Augen weit auf, klammert sich an Lisa fest, den Kopf an ihren Hals gedrückt, und wimmert leise. Baby springt von meinem Schoß sofort hin zu Celia und winselt.

»Weg ihr zwei!«, schreit Lisa und schubst die beiden ins Gras. Da heult Celia richtig los, schmeißt sich auf Baby, der jault. Aber Lisa ist nicht zu bremsen, sie ist aufgesprungen und steht vor Lucas, zornrot wie ich, und klatsch, die Ohrfeige sitzt!

Mensch, Lisa ... aber die Ohrfeige hat er verdient, jawohl!

»Ist dir schon mal aufgefallen, du dämlicher Zappler, dass ich auch mit Celia an der Backe nachdenken kann? Bin ich nicht die Klassenbeste und komme bald ins Gymnasium, du aber nicht, du Blödmann? Kriegste das in deinen dämlichen Zappelkopf, dass meine Mama nämlich sehr gerne arbeitet, und ich hab ihr versprochen, ich kümmere mich um Celia?« Klatsch, noch eine Ohrfeige. »Mama und ich und sogar Celia, wir haben zusammen überlegt, wie das gehen kann. Wir Frauen waren es, wir Frauen!«

Lisa hebt die Hand ... aber nein, kein Klatsch. Sie lässt die Hand wieder sinken und kaut am Pferdeschwanz. Und ich hab's geahnt, sie heult ... ach, Lisa.

Mensch, Prof, jetzt mach aber was! Hier sind die Fetzen geflogen, die fliegen immer noch herum!

Aber der Prof steht nur da und schaut uns an. Er räuspert sich und ruckelt an seiner Brille und sagt: »Ich fürchte, unsere philosophische Diskussion ist ins Private entglitten. Tut mir den Gefallen, gebt euch die Hand und habt euch wieder lieb.«

Wir schütteln alle die Köpfe. Nee, Prof! So was Kindisches geht jetzt nicht!

»Na, dann nicht!«, seufzt der Prof. »Nix ist mit meinem Frieden, Freude, Eierkuchen, den kann ich mir offenbar an den Hut stecken. Dann schlagt mir doch mal vor, wie ich mich jetzt verhalten soll. Den erwachsenen Besserwisser spielen? Nee, das liegt mir nicht. Schimpfen, toben, strafen? Liegt mir auch nicht. Ergo ...«, er breitet weit die Arme aus. »Was soll ich tun?«

Ergo?

»Kommt aus dem Lateinischen, heißt *also* oder *darum*, klingt aber viel schöner«, flüstert Lisa und schnupft nur noch ein bisschen, keine Tränen mehr, da bin ich froh.

Ja, aber was erwarten wir denn jetzt von unserem Prof? Wir schauen uns alle an, immerhin, wir schauen uns wieder an. Und da weiß ich es! Hoffentlich klappt's.

Gar nix soll er machen, es ging ja nicht um ihn, es war ja ein blöder Streit unter uns. Ergo – kann man leicht behalten, das neue Wort –, ergo klären wir das auch unter uns, das ist logisch und gar nicht schwierig. Oder? Tatsächlich, alle nicken, auch der Prof, ziemlich erleichtert, finde ich. Nur Celia und Baby wimmern und winseln noch, aber bloß noch ein bisschen. Sie haben wahrscheinlich gespürt, hier ist jetzt wieder Frieden, aber noch keine Freude. Ich muss kichern, kein Eierkuchen! Und jetzt lache ich los. Wegen der drei Zaubersätze von dem Immanuel Kant. Was kann ich wissen? Der Eierkuchen steckt beim Prof am Hut. Was soll ich tun? Ihn da runterholen! Was darf ich hoffen? Dass man ihn noch essen kann! Vor lauter Lachen kriege ich kaum Luft. Also nee, Ida, so albern darf man aber nicht sein nach so einem wüsten Streit.

Aber, die anderen kichern und prusten und lachen mit, auch der Prof. Und dann ist es gar nicht mehr schwer. Es wird ein wüstes Durcheinander.

Lucas schüttelt Lisa die Hand mit einem »Entschuldigung«, Lisa schüttelt kräftig zurück mit einem »Ergo«. Die Ohrfeigen tun ihr leid, darum das schöne »ergo«! Und weil sie schon beim Händeschütteln ist, macht sie gleich weiter bei Tim mit einem »Entschuldigung, war wohl ein bisschen gemein«.

Tim patscht ihr auf die Schulter: »Ich kann dir mal meinen Papa leihen, der hat so Babys gern.«

Der Prof und ich, wir lächeln uns zu. Er ist wieder da, der Eierkuchen.

»Und wenn jetzt noch jemand mal Celia und Baby trösten könnte, wäre ich absolut glücklich«, sagt er. »Kleine Kinder und Tiere sind noch ganz nah an der Natur, sie empfinden atmosphärische Störungen besonders intensiv, und die von vorhin war, verzeiht, beschissen.«

Ganz kurz denke ich, ja, warum macht er's dann nicht selber? Aber sofort stürzen wir uns alle auf Celia und Baby, und es wird gestreichelt und geschmust, und aus Versehen streicheln uns unsere Hände auch, und Tim beschmust Lisas Pferdeschwanz und ich Babys Wackelschwänzchen.

Wir sind alle wieder Freunde und unser Prof ist froh!

»Na also, geht doch«, murmelt er, ich hab's genau gehört.

»Man muss Kindern nur vertrauen, sie wissen schon, was zu tun ist.«

Zwischenstopp mit einer wichtigen Frage

»Nun denn, Freunde, wieder Frieden, nicht wahr? Ich würde nämlich jetzt gerne endlich unsere geplante Wanderung beginnen, los, los, marsch, marsch.« Der Prof zeigt hin zum felsigen Hügel, auf den wir klettern wollen. »Tüchtig durchatmen, frische Luft in die Lungen und in die Köpfe. Alles startklar?«

Und wie! Ich atme jetzt schon tüchtig durch, weil ich froh bin, dass die blöde Streiterei vorbei ist. Die anderen auch, sie nicken. Nur Tim stöhnt, aber leise.

Lisa nimmt Celia an die Hand, Lucas Baby an die Leine, Tim schultert seinen Rucksack, und ich trage den Sonnenhut vom Prof. Der ist ihm vom Kopf gerutscht, ein Wind hat ihn weggeweht. Der stürmt durch die Bäume.

Wir wandern los, Prof vorneweg. »Herrlich, Freunde!«, ruft er und lacht. »Der Wind, der Wind, das himmlische Kind, herrlich! Und genau das himmlische Kind liefert mir ein prima Stichwort. Nämlich die Luft, auch wieder ein Naturgesetz. Luft gibt's immer, ist immer spürbar. Der Erste, dem das aufgefallen ist, war Anaximenes, übrigens ein Schüler von Thales, ihr erinnert euch, das war doch der …«

»Der wie du vor lauter Denken ins Wasser geplatscht ist. Für ihn war Wasser das Allerwichtigste«, unterbricht ihn Lisa und zerrt Celia weiter. Die will Blümchen pflücken, und Baby will das auch, weil Celia das will, aber er wird von Lucas weitergezerrt.

Jetzt wird nicht gespielt, jetzt wird zugehört!

»Anaximenes also meinte, die Luft sei das Allerwichtigste, denn ...
haltet doch bitte alle mal die Luft an«, sagt der Prof und tut's als
Erster, steht stocksteif, ohne zu atmen. Sofort tun wir's ihm nach.
Außer Celia und Baby natürlich. Die sind von Lisa-Hand und Lucas-
Leine befreit und weg sind sie ...

Aber dann müssen wir wieder ganz schnell nach Luft schnappen,
der Prof noch früher als wir!

»Da seht ihr mal, wie lebenswichtig die Luft für uns ist, ohne die
geht's nicht, stimmt's?«

Das hat Anaximenes schon ganz richtig gedacht. Luft ist was Ele-
mentares, ein Naturgesetz. Ohne Luft kein Leben. Aber der schlaue
Anaximenes hat doch sehr gestaunt, dass Luft sich verändern kann.
Denn, wenn er auf einen hohen Berg in Griechenland gekraxelt ist,
hat er gespürt, oh je, hier kriege ich ja kaum noch Luft. Die ist ja so
dünn geworden. Und als er wieder unten im Tal war, war er froh, da
konnte er wieder prima schnaufen. Da war die Luft offenbar dicker.
Da hat er wieder gestaunt, weil er außerdem beobachtet hat: Wenn
es feucht und warm war, da ist die Luft hochgestiegen und am Himmel zu Wolken geworden. Ja, wie kommt denn so was? Als schlauer
Denker war ihm klar, da muss in der Luft was drin sein, das so was
bewirkt. Die Luft hat sich ja offenbar verdichtet, sonst würde sie ja
nicht da oben am Himmel als Wolken rumhängen. Er konnte aber
nicht wissen, was da alles drin ist in der Luft, woher denn auch. Wir
wissen es heute, wir haben eben Experimente und Messungen und
Untersuchungen machen können. Denkt immer dran, ihr Lieben,
das konnten die Griechen noch nicht. Anaximenes hat nicht gewusst,
dass der Regen, der aus den Wolken zu uns runterfällt, schon als

Wasser eben in der Luft gespeichert ist. Aber noch was Wichtiges hat er beobachtet, der kluge Kopf, dass nämlich Luft auch Geräusche übertragen kann. Da war ihm klar, das muss eine starke Kraft sein, die Luft. Das allerwichtigste Naturgesetz. Kann sich verändern, bleibt sich aber immer gleich. Luft bleibt Luft. Sein Lehrer Thales hat das anders gesehen, wie ihr wisst, für ihn war das Wasser das allerwichtigste Naturgesetz.«

Da haben sie sich aber mächtig gestritten. Vielleicht haben sie sich so gekloppt wie wir beinahe vorhin? Nee, das waren ja Erwachsene und höfliche Denker, denke ich. Was haben die überhaupt angehabt?

Ich zupfe den Prof am T-Shirt, aber da lispelt schon Lucas ungeduldig: »So was wie 'n Bettlaken um sich rum, is doch auch egal!«

»Toga heißt das, Lucas, Toga!«, und wer das ruft, ist ja wohl klar…

Der Prof nickt nur, und ich merke gleich, ihm ist Bettlaken und Toga grad ziemlich egal. Er will weitererzählen und weiterwandern.

»Ich glaube, das wichtigste Naturgesetz, was in der Luft steckt, ist erst einmal die Erkenntnis: Außer dem festen Stoff, aus dem unsere Erde ist – unsere felsenfeste Erde, auf die man sich drauflegen oder hüpfen kann –, gibt es eben Gase. Luft, durch die man durchsehen kann, die man einatmen kann. Aber reinlegen kann man sich nicht, da fällt man runter. Luft ist keine Hängematte für schwerere Materie und jetzt bitte kein Gekicher hin zu Tim. Ihr seid allesamt zu schwer für die Luft!«

Wir kichern doch gar nicht, na ja, bloß so ein bisschen.

Der Prof wedelt uns streng das leise Gekicher weg. »Luft also, so hat sich Anaximenes gedacht, scheint ein anderes Material zu sein als die Erde und auch als das Wasser. Ein neues Naturgesetz, was sich immer wiederholt, was immer vorhanden ist. Die Luft ist sozusagen das, was hinter allem steckt. Wir wissen es heute, Anaximenes ahnte es schon damals. Wahrhaftig, ich sage euch, ein Gedanken-Riese, wie sein Lehrer. Ist das nicht enorm?«

Seine Augen glitzern begeistert hinter seiner Brille, er stürmt vorwärts, wir hinterher, bloß Tim, der schleicht. Wenn der so weiterschleicht, verpasst er nicht nur was Spannendes, sondern auch uns. Der Hügel zum Raufklettern ist noch ziemlich weit entfernt. Ob da oben die Luft wohl dünner ist? Das würde ich gerne ausprobieren. Aber da bleibt der Prof plötzlich stehen und schaut sich um in alle Richtungen.

»Sagt mal, wo sind denn unsere kleinen Schutzbefohlenen? Die vermisse ich schon eine ganze Weile. Muss ich mir Sorgen machen?« Er runzelt die Stirn.

Mensch, Prof, die sind bestimmt am Bach und der ist doch bloß ein Bächlein. Lisa schreit natürlich sofort los. »Celia, Windelzwerg, komm her!« Das Bächlein hören wir plätschern, aber keine Celia und auch kein Baby.

»Nicht schon wieder!«, stöhnt der Prof und rennt schon los in Riesensätzen hin zum Bach. »Ihr habt nicht aufgepasst und ich habe die Verantwortung!«

Wir rennen hinterher, sogar Tim setzt sich in Bewegung. Wir haben wirklich nicht auf die beiden aufgepasst, er aber auch nicht. Aber da sehen wir schon von Weitem eine friedliche Celia, sie steht im Bach und schmeißt Steinchen ans Ufer, die Baby fangen soll. Was der nicht tut, der pennt, als eingekringeltes Wollhund-Knäuel. Na also, Prof, nix passiert!

Der Prof atmet auf, ich seh's deutlich, aber er hebt eine strampelnde Celia sofort aus dem Bächlein und trocknet ihre Beinchen mit seinem T-Shirt. Die ist trocken, er ist nass, jedenfalls am Bauch. Celia kichert ein »Kitzelkitzel« und klammert sich fest an seinen Hals. Ach ja, so klein und niedlich sein, das hat wirklich Vorteile. Und jetzt flüstert er ihr auch noch was ins Ohr, ziemlich laut allerdings.

»Celia, weißt du was? Heraklit, das ist der Philosoph, der behauptet hat, dass alles fließt, Wasser und auch Feuer, der hat gesagt, niemand steigt zwei Mal in denselben Fluss. Na, was meinst du dazu?«

»Kitzelkitzel«, kreischt Celia entzückt, und »Celia aber schon!«, murmelt Lisa, ziemlich sauer.

»Ha, falsch!«, zischelt Lucas und greift nach der Leine vom schlafenden Baby. »Lisa, das haste jetzt aber nicht kapiert. Ich aber schon! Is doch logisch! Das Wasser, wo die Celia vorhin reingeplatscht ist, das ist doch schon längst weitergeschwabbelt. Jetzt ist das doch wieder neues Wasser, kommt wahrscheinlich von irgendwo runtergelaufen, und so geht's immer weiter. Ergo!« Er schwenkt stolz die Hundeleine mit Baby dran. »Musst bloß ein bisschen denken, Lisa!«

Lisa wird knallrot, ich greife schnell nach ihrer Hand und drücke sie. Nee, so ein Streit wie vorhin, den wollen wir nicht haben. Und Lisa schnauft, aber sie merkt genau, meine Handdrückerei, die heißt: Gönn' doch Lucas auch mal 'ne Besserwisserei, er war doch bloß schneller als du. Aber dass Baby trotz Schubser und Leinenschwenken weiterpennt und Lucas schließlich Baby tragen muss, das freut sie doch. Sie streckt Lucas die Zunge raus, er sieht es nicht, er schleppt.

Prof mit Celia rennt nicht mehr, er schleppt auch. Celia an seinem Hals spielt Klammeraffe und der wiegt schon was. So stapfen wir schweigend eine ganze Weile dahin, der Weg wird steiler, die Büsche kürzer, die Bäume sind schon hinter uns geblieben, der Kletterfelsen rückt näher.

Lisa und ich trotten nebeneinander, sie denkt was, ich aber auch! Drei von den alten Griechen-Philosophen kennen wir jetzt schon. Den Thales von Milet, dem war das Wasser wichtig, den Anaximenes, der hatte es mehr mit der lebenswichtigen Luft. Den Heraklit, dem war das Fließen wichtig, das vom Wasser, aber auch das vom Feuer. Aber Feuer fließt doch nicht, das brennt doch bloß, oder? Das muss er aber uns mal erklären, der Prof, und es nicht bloß so ins Ohr von Celia wispern. Macht er bestimmt beim Lagerfeuer heute Abend, das hat er uns ja versprochen!

Also, ich denke ja, alles ist gleich wichtig! Die feste Felsenerde, das Wasser, die Luft, das Feuer. Gäb's das alles nicht, dann könnten wir ja alle nicht leben. Wie gut, dass es das alles gibt. Aber, da ist plötzlich so ein Gedanke in meinem Kopf, der kribbelt richtig runter bis zu meinem Bauch und macht, dass ich schnell hinrennen muss zum Prof und ihn am nassen T-Shirt zupfe. Wenn's das alles gar nicht gäbe, ja, wo wären wir denn dann? Prof, wo war ich, als ich noch nicht da war? Das hat mir noch keiner gesagt.

Er bleibt stehen und blinzelt zu mir runter, Schweißtropfen fallen auf seine Brille. Er lächelt mich an.

»Vorausgesetzt, Ida, die Erde war schon perfekt vorhanden, mit Wasser, Feuer, Luft, mit Fauna und Flora, nur du noch nicht vorhanden?«

Ich nicke, ja, ich glaube, das will ich eigentlich wissen. Die anderen auch, sie drängen sich näher, sogar Tim, um unseren Prof herum.

Der Prof lächelt noch immer und schiebt Celia auf seinen anderen Arm. »Diese Frage, Ida, habe ich meinem Papa auch gestellt, als ich klein war. Und was hat er geantwortet? Du warst in Abrahams Wurschtkessel, mein Söhnchen. Hat er gesagt.«

Was? Meint er das ernst? Wir starren ihn an und er grinst.

»Genau so hab ich auch geschaut, so wie ihr jetzt, und gedacht, da liegt mein lieber Papa aber ziemlich falsch, so kann das nicht gewesen sein. Heute würde ich sagen, wir alle hier, wir waren im Bereich des Möglichen. Sagt euch das was?« Er kratzt sich am Bart.

Ich glaub, er hat schon selber gemerkt, das ist aber ein schwieriger Denke-Satz für uns. Mensch, Prof, soll das heißen, ich bin bloß wirklich, weil ich möglich war? Das versteh ich aber nicht.

»Ich schon, Ida!« Lisa strahlt und kaut aufgeregt auf ihrem Pferdeschwanz herum. »Der Prof meint damit, dass alle Menschen da oben im Universum irgendwie herumgeschwirrt sind, so als Gedanke, meine ich, noch nicht wirklich. Und dann sind wir so nach und nach, na ja, nicht alle zusammen natürlich, runtergekommen auf die Erde. Wir waren vorher vielleicht bloß ein Gedanke im Universum ...«

Aber das sagt sie schon ziemlich kleinlaut, finde ich.

Lucas grinst und tippt sich an die Stirn: »Kannste vergessen! Ich weiß genau, wo ich hergekommen bin, nämlich aus dem Bauch von meiner Mama. Das sind wir doch alle, alle Menschen! Aber nicht alle aus dem Bauch meiner Mama, das wär ja was gewesen!« Und dieser Blödmann springt da jetzt herum wie eine Heuschrecke, boxt in die Luft und johlt: »Meine Supermama hat die ganze Menschheit geboren!« Lässt sich ins Gras fallen und lacht sich halbtot und merkt nicht, dass keiner mitlacht.

Also wirklich, Lucas, das war aber so was von daneben!

»Und vorher, Lucas, wo warst du vorher, bevor deine Mama dich geboren hat? Das möchte ich wirklich gerne von dir wissen!«

Lisa, knallrot, zerrt an einem Hosenbein. Ich zerre am anderen. Lucas strampelt uns weg und kichert. Depp!

Tim seufzt tief auf und platscht sich zufrieden ins Gras mit seinem Rucksack. Für ihn ist Pause angesagt, na klar. Ein kichernder Strampel-Lucas kann nicht rennen, und ein Prof, gerunzelte Stirn und Celia als Klammeraffe am Hals, kann nicht schnell wandern. Der will sicher gleich was sagen und das geht besser im Sitzen. Der Kletterfelsen rennt ja nicht weg. Tim weiß eben immer, was gut ist für ihn.

Ja, Tim, aber weißt du auch, wo du vorher warst, haste da eine Idee? Ich stupse ihn an.

Und komm jetzt bloß nicht schon wieder mit deinem Papa.

Aber da kommt's auch schon, ich hätte es wissen müssen.

»Mein Papa hätte jetzt gesagt, ist mir egal, wo du vorher warst, hör auf zu fragen, jetzt biste da und räum mal gefälligst dein Zimmer auf.«

Und wer jetzt seufzt, das ist der Prof.

»Oh, oh, Freunde, da ist jetzt aber eine philosophische Diskussion angesagt, da kommen wir nicht drumherum. Kann mir mal bitte jemand das Klammeräffchen hier abnehmen?«

Sofort greifen Lisa und ich zu. Lisa ist schneller, Celia landet auf ihrem Schoß. Dafür Baby-Hund auf meinem. Weil ich eng neben Lisa mit Celia sitze. Schwupp, ist er auf mich draufgehüpft. Das ist schon komisch. So ein weiches Wuschelhund-Tier! Baby hat sofort kapiert, dass wir lieb zu ihm sind. Und er fasst sich so an, als wäre er schon immer bei uns. Weiß er, wo er vorher war? Bevor er verlassen wurde, meine ich? Neee, weiß er nicht, wir ja auch nicht.

Lucas hat aufgehört herumzuzappeln und Witzbold zu spielen, im Schneidersitz hocken wir um unseren Prof herum.

Er putzt seine Brille. »So, meine jungen Philosophen und Philosophinnen, nun wollen wir doch mal in aller Ruhe eure Argumente beleuchten zu der Frage von Ida: Wo war ich, als ich noch nicht da war. Meine Antwort war, ihr erinnert euch: Im Bereich des Möglichen. Ja, was heißt jetzt das! Lisas Vermutung, wir seien als Gedanke im Universum herumgeschwirrt, so 'ne Art Schwebeteilchen, winzig-winzigstkleine Atome, die man nicht sehen kann, aber ganz klar vorhanden sind, ihr erinnert euch?«

Klar tun wir das, das hat er uns doch damals erklärt, als er uns vom Universum erzählt hat. Der Prof nickt zufrieden.

»Also, diesen Gedankengang von Lisa finde ich sehr originell, jedoch, ob er schlüssig ist, bezweifle ich. Nicht traurig sein, Lisa. Wir werden uns da oben ja wohl schwerlich wie 'n Puzzle zusammengesetzt haben und dann kam zum Beispiel ein noch unsichtbares, aber hübsches Lisa-Baby runtergesaust.«

Er kichert, wir kichern mit, sogar Lisa.

»Nee, Freunde, natürlich sind wir alle aus Mamas Bauch gekrochen, ja, ja, Lucas, schon klar. Und wie wir da reingekommen sind und gewachsen, dürfte euch doch hoffentlich bekannt sein, oder?«

Wir alle nicken, aber ziemlich verlegen, finde ich. Kichern traut sich keiner.

»Tims Argument, vielmehr das Zitat von seinem Papa, fragen sei überflüssig, Zimmer aufräumen besser, nun, diese Meinung teile ich nicht. Tut mir leid, Tim.« Er klopft ihm liebevoll auf die Mütze.

»Ich muss aber zugeben, dass ich ja den Zustand deines Zimmers nicht kenne.« Er lacht und Tim grinst auf seinen Rucksack.

»Die Frage ist doch, wo waren wir vorher, ehe wir geboren wurden. Waren wir überhaupt wo?«

»Im Kinderteich!«, kräht Celia und zieht Baby am Ohr. »Hab auf einem großen Blatt gesessen. Mama hat mich abgeholt, ins Bettlein gelegt!«

Wir lachen alle, Celia strahlt, Baby knurrt, der Prof lächelt und seufzt: »Oh je, Lisa, du Gute, da hast du aber noch 'ne Menge Aufklärungsarbeit zu leisten.«

»Zurück zum Thema bitte«, sagt Lisa schnell, ziemlich rot im Gesicht.

Da stemmt sich plötzlich Tim hoch, ganz ohne Rucksack, und brummelt los: »Was mein Papa jetzt gesagt hätte, weiß ich nicht, weil, den interessiert das nicht so. Mich aber schon. Ich glaube nämlich wirklich, wir waren im Bereich des Möglichen.«

»Hört, hört!« Lucas boxt ihn aufs Knie. »Kumpel, das hatten wir schon!«

Aber Tim brummelt einfach weiter. »Weil, Lisa hat irgendwie ein bisschen recht. Wir haben ja bloß möglich werden können, weil alles für uns so gut gepasst hat. Das Universum da oben, hat der Prof uns doch erzählt, das passt auf uns auf. Und die Erde hat ja richtig auf uns gewartet. Weil, da war ja alles da, Luft und Wasser und Tiere und Pflanzen und so was.«

»Und Pommesbuden!«, kichert Lucas, und dafür kriegt er einen Boxer, aber von Lisa.

Tim merkt es nicht und macht weiter. »Ich glaube, wir waren in ihrem Bereich, weil wir genau so ein Atom-Gematsche sind wie sie. Wir haben einfach genial zu ihr gepasst. Wenn wir nämlich nicht so ein Atom-Gematsche gewesen wären, dann wären wir für die Erde gar nicht möglich gewesen, dann hätte sie uns gar nicht gewollt. Ich glaube, wir waren vorher gar nicht irgendwo, in so 'nem Kinderteich schon gar nicht. Lisa, wenn Celia jetzt heult, kannst ihr einen Bonbon geben aus meinem Rucksack. Darfst dir auch einen nehmen!«

Mensch, Tim, wir alle staunen, so viel hat Tim noch nie geredet. Und er ist noch gar nicht fertig!

»Ich sag euch was, ich bin ziemlich froh, dass ich mal möglich war und dann wirklich geworden bin. Ich hätte ja auch bloß möglich bleiben können und dann hätte mein Papa keinen Tim gehabt. Das wär ja was gewesen!«

Mit einem tiefen Seufzer platscht Tim wieder auf seinen Hosenboden und zieht die Mütze runter bis zur Nase.

Unser Tim! Wer hätte das gedacht! In der Schule kriegste kaum den Mund auf und beim Spielen auch nicht, und jetzt so was!

»Der Kandidat kriegt hundert Punkte!«, zischelt Lucas, und Lisa und ich rufen mit, Celia quietscht, und Baby bellt.

»Mindestens!«, ruft der Prof und zieht Tim die Mütze vom Kopf. »Tim, lass mich deine Augen sehen, damit ich dem Kandidaten gratulieren kann. Bitte richte doch deinem Papa aus, mit einem Gruß von mir, dass er sehr stolz sein darf auf seinen klugen Sohn, der so prächtig das erklärt hat, was schwierig zu erklären ist. Vergiss es nicht!«

Tim schnauft und nickt und gräbt in seinem Rucksack herum und verteilt Bonbons. Den ersten steckt er sich selber in den Mund.

»Unser Tim hat es tatsächlich ziemlich auf den Punkt gebracht, Freunde, warum wir im Bereich des Möglichen waren«, sagt der Prof und lutscht an einem Bonbon. »Wir waren nur möglich, weil wir und alles um uns herum und über uns und unter uns aus einer ganz ähnlichen Materie bestehen.« Er grinst breit: »Wie Tim so schön gesagt hat, aus Atom-Gematsche. Das muss ich meinen Studenten in der Universität erzählen, die werden ihre Freude daran haben. Aber jetzt hab ich erst mal meine Freude an euch und an meinen Beinen. Die wollen jetzt nämlich weiterwandern. Eure auch? Hört ihr das?« Er hebt den Finger und horcht. »Der Kletterhügel ruft! Prof, bitte kommen! Und bring die Kinder mit!«

Natürlich hören wir nix außer Windgesause und Bächleinplätschern, aber einen zufriedenen Prof sehen wir, der sich Tims Rucksack schnappt und losmarschiert und mit beiden Armen winkt. Was das heißen soll, ist ja klar. Alle Mann mir nach, ich habe euch noch viel zu erzählen.

Wir lernen was, der Prof aber auch!

Der Kletterfelsen ist gar nicht mehr so weit, man kann ihn schon gut sehen. Da raufzukraxeln, das wird Spaß machen. Aber geht das auch mit Celia und Baby? Celia muss auf jeden Fall auf den Rücken vom Prof und Baby müssen wir in Tims Rucksack stopfen. Aber wenn er da drin alle Süßigkeiten wegschlabbert, die Tim doch immer mit sich rumschleppt? Dann wird ihm aber garantiert schlecht, dann muss er kotzen. In den Rucksack rein?

Aber weiter komme ich mit meinen Überlegungen nicht, unser Prof legt wieder los, und bei dem Wind haben wir ziemlich Mühe, ihn zu verstehen.

»Freunde, die Luft! Spürt ihr den Wind? Ein herrliches Naturgesetz, die Luft, wir wissen es. Ja, und was für ein Naturgesetz kann man mit der Luft untersuchen? Ich sag es euch: *Arbeit sei Kraft mal Weg*. Klingelt bei euch was?«

Neee, Prof, wirklich nicht. Erstens rennst du zu schnell und zweitens, ist das eine Matheaufgabe oder was? Mathe kann ich doch nicht so gut!

Aber bei Lucas klingelt's. Wenn er keine blöden Witze macht, kann er wirklich logisch denken. »Der Wind ist Luft, und Wind hat Kraft, der arbeitet also. Und wie!« Jetzt kichert er los. »Der hat vorhin nämlich deinen Sonnenhut weggeblasen. Haste gar nicht gemerkt! Das war der Weg, vom Sonnenhut nämlich. Soll ich's noch mal einfacher sagen für die Dummen?«

Also, Lucas, wirklich nicht. Wir haben's schon kapiert, und außerdem, das haste vergessen, den Sonnenhut vom Prof habe ich eingefangen. So!

Aber Lucas ist nicht zu stoppen, er boxt in die Luft und zischelt: »Der Wind hat gearbeitet, weil er die Kraft hat zu arbeiten«. Aber sofort unterbricht ihn Lisa und zerrt ungeduldig Celia hinter sich her:

»In der schnellen Luft, also dem Wind, steckt Energie, also eine Kraft, etwas in Bewegung zu setzen. Das hat der Anaximenes bestimmt auch kapiert. Der hat ja nicht nur bloß so in der Luft herumgeschnuppert und gestaunt. Im Tal ist sie dick, auf'm hohen Berg ist sie dünn. Der hat ganz bestimmt beobachtet, wie der Wind eben was in Bewegung setzen kann. Aber so 'nen Sonnenhut wie deinen hatte der bestimmt nicht, oder?«

Der Prof lacht. »Nee, da bin ich besser dran, danke, Ida, ich habe mich schon gewundert, wo der abgeblieben ist. Ja, und Danke auch Lisa und Lucas, hundert Punkte habt ihr euch verdient, absolut schlüssig, eure Erklärungen, ich bin erfreut. Und du, meine Ida, kriegst, na, sagen wir mal zwanzig Punkte für die Rettung meines Hutes. Zufrieden?«

Na ja, besser als nix.

Lucas und Lisa strahlen, na ja, haben sie ja auch verdient.

»Aber, Freunde, wissen konnten Anaximenes und seine griechischen Kollegen noch nicht, wie sich das Naturgesetz, die energiegeladene Luft, der Wind, also die Bewegungsenergie nutzen lässt! Wie kann sie sich denn verwandeln in mechanische Energie? Etwas in Bewegung bringen, was uns nutzt? Sie haben schon gesehen, dass der Wind ein Mühlrad in Bewegung setzt, und das mahlt das

Korn. Prima. Und wenn der Wind nicht geweht hat, dann mussten die Esel die schweren Mühlräder ziehen, die armen Schweine. Das war schon klar. Sie haben aber noch nicht genau gewusst, dass die Energie, die im Wind steckt, immer gerichtet ist, das heißt, der Wind bläst nie aus allen Richtungen, sondern immer nur aus einer. Auch so ein wichtiges Naturgesetz. Heute wissen wir, je nachdem wie der Wind bläst, mal langsam, mal schnell, mal böig, mal stabil, kann man damit ganz unterschiedliche Energieverwandlungen zeigen.«

Er bleibt stehen und was macht er? Er putzt seine Brille. Immer dann, wenn er grad mal nicht mehr weiter weiß.

Da kommt's auch schon. »Sagt mal, bin ich jetzt zu weit in die Naturwissenschaften gerutscht, wo wir doch uns die Naturphilosophie der ersten griechischen Philosophen vorgenommen haben? Stoppt mich, wenn ich seitwärts springe.« Und damit läuft er wieder los, der Kraxelfelsen ist schon ganz nah.

Nee, Prof, wir stoppen dich natürlich nicht, ist doch alles spannend und manchmal schwierig. Aber stoppen müssen wir jetzt leider wirklich. Celia will nicht mehr laufen.

»Auf'n Arm!«, verlangt sie, und da nutzt es auch nichts, dass Lucas auf Baby zeigt: »Guck mal, wie der so lustig läuft, Celia! Das kannste auch.«

»Neee!«, kreischt Celia. »Hat vier Beinchen, ich bloß zwei. Die sind müde, die schlafen schon.«

»Eine fast philosophische Logik, der wir uns nicht verschließen können«, seufzt der Prof und packt sich Celia huckepack auf den Rücken. »Was meint ihr, lassen wir das gelten als Naturgesetz? Schlafende Beinchen darf man nicht wecken?«

Er zwinkert uns zu und marschiert weiter, langsam, ziemlich langsam. Ich muss lachen und trabe gleich hinterher. Das ist doch mal 'ne tolle Idee. Wir erfinden uns einfach selber Naturgesetze. Wir wissen ja schon, die wiederholen sich immer und immer wieder, die gibt es einfach immer. Und die sind ganz wichtig für uns, für die Erde, für das Universum.

Also, mein Naturgesetz, das wäre, ich könnte immer wieder meinen Prof treffen und er erzählt mir was und legt dabei den Arm um mich, und weil das ein Naturgesetz wäre, müsste er das immerzu tun.

»Mein Naturgesetz ist meine Schwester!«, ruft Lisa, aber sie lacht dabei. »Die hab ich immer und immer wieder an der Backe, wahrscheinlich, bis ich alt und bucklig bin.«

»Nee, Lisa, dein Naturgesetz funktioniert nicht«, zischelt Lucas und zupft sie am Pferdeschwanz, aber Lisa hat genau gemerkt, ich seh's genau, das war bloß so ein netter Zupf.

»Wenn du 'ne zahnlose Alte bist, hat Celia längst 'nen stinkreichen Mann und einen Haufen Kinder, die haben alle vier Beine und machen wuff wuff. Und dich stopft sie dann ins Altenheim. Mein Naturgesetz, das funktioniert! Fußballspiele und immer wieder Fußballspiele, und wenn mal 'ne Pause ist, gibt's wieder Fußballspiele!« Er kickt vergnügt nach einem Ball, den er gar nicht hat, sein Fuß trifft Tim auf den Po.

Der merkt aber nichts, er streichelt seinen Bauch und stöhnt: »Das ist mein Naturgesetz, muss ich gar nicht erfinden. Der wird immer dicker. Auch wenn meine Mama die Schokolade versteckt hat, wird er trotzdem immer dicker. Weil ich sie gefunden hab, die

Schokolade. Da kann man nix machen, es ist ein Naturgesetz, und das wiederholt sich immer. Er hat's gesagt!«

Er zeigt auf den Prof, und ich merke genau, er würde jetzt am liebsten lachen. Macht er aber nicht. Er ist so einer, der lacht uns nicht aus, auch wenn wir mal Quatsch machen.

Ja, aber was wäre denn für ihn ein Naturgesetz, wenn er sich eins ausdenken würde?

»Ach, Ida, mir genügen eigentlich die tatsächlich vorhandenen Naturgesetze, mit denen bin ich vollauf zufrieden.«

Er schnauft und Celia rutscht von seinem Rücken mit einem Plumps ins Gras. Und siehe da, die Beinchen sind wieder aufgewacht und stolpern sofort hin zu Baby.

Also neee, Prof, das gilt aber nicht! Wir haben uns jetzt alle Naturgesetze ausgedacht, jetzt musst du aber ran! Und sofort brüllen wir alle: »Los, Prof, los, Prof!« Im Brüllen sind wir gut, wenn wir uns einig sind.

»Hier spricht die Stimme des Volkes!«, lacht er und hält sich die Ohren zu. »Lisa, bitte übersetzen in Latein, du bist doch schon im Gymnasium!«

Nee, ist sie nicht, kommt sie erst. Aber natürlich übersetzt Lisa sofort und stolz: »Vox populi heißt das! *Vox* die Stimme, *populi* vom Volk, und das sind jetzt wir!« Sie schaut sich um. Kriegt sie jetzt Applaus und Daumen hoch?

Na klar kriegt sie das, geht ja nicht anders, und der Prof schenkt ihr auch noch ein »Bravo, Lisa!«, und wir kriegen ein »Merkt euch das, kann nicht schaden!«. Aber... lenkt er jetzt ab? Er ist plötzlich ziemlich ernst geworden und kratzt sich am Bart.

»Ja, Freunde, tut mir leid, wenn ich euch jetzt die lustige Stimmung verhagele, aber ich wünschte mir tatsächlich ein Naturgesetz, was unabdingbar bestimmt, Frieden soll auf diesem Planeten herrschen. Keine Kriege mehr, keine Klopperei. Der Mensch sei des Menschen Freund und nicht sein Feind. Wäre das ein Naturgesetz, dann wäre viel Kummer und Not ausgeräumt. Wir könnten ja nicht anders, als diesem Naturgesetz zu folgen, und immer und immer wieder würde es sich wiederholen. Wie Blitz und Donner, wie Luft und Wasser, Fauna, Flora ... wir lebten friedlich miteinander und teilten uns das, was uns unser wundervoller Planet schenkt. Ohne Neid und fürsorglich. Ja, ihr Guten, dieses Naturgesetz können wir vergessen, das ist nur ein Traum von eurem ollen Prof.«

Jetzt putzt er seine Brille, aber nicht, weil er grad nicht weiter weiß. Ich glaube, wenn wir auch eine Brille hätten, täten wir die auch jetzt putzen.

Wir waren bloß albern und lustig, er aber nicht. Müssen wir uns jetzt schämen? Na ja, vielleicht nicht, aber nachdenken, das schon. So groß nachdenken für die ganze Welt, das kann ich nicht, aber nachdenken für uns hier und jetzt, das geht, oder?

Keine Klopperei mehr, vielleicht nur ein bisschen schubsen, was nicht wehtut? Vielleicht geht das ja? Wenn der Mensch ein Freund sein will, und das wollen wir eigentlich doch. Miteinander teilen, das Pausenbrot zum Beispiel, was meine Mama mir in die Schultasche gesteckt hat und dem Tim so gut schmeckt? Das ist leicht. Tim teilt ja auch immerzu, auch, wenn er sich immer das erste Bonbon nimmt. Fürsorglich sein? Mensch, Prof, da musst du keine Sorge haben! Wir haben alle doch sofort beschlossen, dass wir uns um

Baby kümmern, damit er eine gute Heimat kriegt, wir haben uns doch alle sofort um ihn gekümmert.

Ich glaube, Prof, wir kriegen das hin, das alles. Ich glaube, Prof, wir können ja jeden Tag dran üben und der Immanuel Kant hat uns doch einen tollen Tipp gegeben. Für das friedliche Miteinander, meine ich.

Was kann ich wissen, was soll ich tun, was darf ich hoffen.

Weiß ich noch genau und die anderen auch. Vielleicht kriegst du dann mal dein Wunsch-Naturgesetz, Prof? Wenn nicht nur wir, wenn viele so denken und es dann auch tun?

»Ida, biste eingepennt?« Lucas stupst mich an und zeigt auf den Prof. Der rennt schon weit vorne und schwenkt seinen Sonnenhut. Und ruft: »Denkpause vorbei, es geht weiter! Übrigens ist mir noch ein Naturgesetz eingefallen! Alle Kinder müssten, wenn sie wollen, immer und immer Pizza kriegen, bis die ihnen zum Hals raushängt! Na, wär das was?«

Ja, ja, jetzt will er uns zum Lachen bringen oder zum Schmatzen, funktioniert aber nicht, Prof! Noch nicht mal Tim grinst!

Wir schleichen hinter ihm her, und wenn wir jetzt so weiter schleichen, ist er längst ohne uns auf dem Kletterfelsen. Ich weiß schon, warum er jetzt so losgestürmt ist und nicht auf uns warten mag. Er rennt vor irgendwas davon. Wir sind's nicht, er mag uns doch. Dann können es doch nur seine Gedanken sein, sein Traum vom Naturgesetz, Frieden immerzu auf der Welt.

Er hat's uns zuerst ja gar nicht erzählen wollen, weil er genau weiß, das wird's nie geben, und beim Erzählen ist er ja auch richtig traurig geworden. Tut's ihm jetzt leid, dass er uns das erzählt hat?

Lisa, wie war das damals, als er uns in der Uni erzählt hat, dass unsere Erde irgendwann einmal explodieren wird, wenn sie bei ihrer Umdrehung der Sonne zu nahe kommt?

Und dann sind doch alle Studenten, die heimlich zugehört haben, du erinnerst dich, die sind doch so unruhig geworden und sind erschrocken, weil man so was Kindern nicht erzählen darf. Lisa, was hat er da noch mal gesagt?

Aber statt Lisa antwortet Tim ganz ohne Gebrummel: »Die Wahrheit ist Kindern zumutbar! Hab ich mir nämlich gemerkt, hab ich mir in meinem Zimmer an die Wand geschrieben. Mit Fingerfarben. Mein Papa hat's nicht abgewischt!«

Na, das sind ja endlich mal hundert Punkte für seinen Papa.

Jetzt aber nix wie los, der Prof da vorne, der muss getröstet werden. Sein Rücken, weit entfernt, der sieht so einsam aus ohne uns. Wir rennen los und brüllen gemeinsam: »Die Wahrheit ist Kindern zumutbar!« Und weil das so schön klingt, beinahe wie ein Naturgesetz, brüllen wir es immer wieder.

Unser Prof, der ist ja schon beinahe am Felsen, dreht sich um, lässt Tims Rucksack fallen und breitet weit seine Arme aus. Will er uns jetzt umarmen? Ja, er will. Bloß passen in seine Arme nur Lisa und Lucas und ein bisschen ich ... Tim umarmt seinen Rucksack und die Knie vom Prof, die sind noch frei.

Wie gut, jetzt sind wir alle wieder zusammen und, wie hat der Prof so schön gesagt? Der Mensch ist des Menschen Freund! Das kann man gut an uns jetzt sehen. Das schreibe ich mir auf, an meine Zimmerwand. Mit Fingerfarben. Gute Idee, Tim!

Der Prof drückt uns richtig feste, ich merke gleich, er ist froh, dass wir ihn verstanden haben und er nicht weglaufen muss vor einem Traum, der wahrscheinlich nicht in Erfüllung geht.

Und weil er froh ist, sind wir auch froh und schnattern fürchterlich durcheinander. Und siehe da, wir schnattern genau das, was ich vorhin schon gedacht habe. Wenn's auch überall böse Kriege gibt, dann können wir doch hier, heute und jetzt sofort versuchen, so was bei uns nicht haben zu wollen.

Streiten, ohne gleich zu kloppen, zuhören, helfen, wenn wer was braucht, trösten, wenn wer Kummer hat.

Miteinander teilen, das kann Tim schon gut, hat er ja bewiesen. Sich kümmern um andere, das macht Lisa schon toll mit der kleinen Nervensäge Celia, und wir alle mit Baby …

Der Prof hört uns gut zu, mit schief gelegtem Kopf, und wenn er den Kopf noch schiefer hält, bläst ihm der Wind gleich wieder den Sonnenhut weg … den fange ich wieder ein, mach ich doch gerne!

»Spielt ihr jetzt perfekte Kinder?«, fragt er, aber ich merke genau, er freut sich. Sehr sogar. »Denkt ihr aber auch noch morgen dran und übermorgen? Frieden unter Menschen ist nicht einfach, das muss geübt werden, und zwar täglich, das ist richtige Arbeit, ist euch das klar? Neid überwinden, Missgunst überwinden, Zorn überwinden, alles Arbeit, und die findet hier im Kopf statt.« Er klopft sich an die Stirn, und sein Hut, nein, der sitzt noch fest.

Schon klar, Prof! Wir wollen es versuchen. Stimmt doch, oder? Alle nicken, nur Celia und Baby nicht. Wo sind denn die schon wieder? Aber Sorgen müssen wir uns nicht machen. Baby passt auf Celia auf, Celia passt auf Baby auf, hoffentlich!

»Frieden ist wie ein Steinchen, was mein Papa übers Wasser hüpfen lässt. Ich kann das nicht«, murmelt Tim und packt sich seinen Rucksack wieder auf den Rücken. »Das Steinchen hüpft und macht Wellen, immer größere. Das Steinchen ist der Frieden, die Wellen sind die Botschaft, die verteilt sich weit übern See.«

Das hat er jetzt aber richtig schön gesagt, der Tim. Woher hat er das bloß? Von seinem Papa nämlich nicht. Mir ist das nicht eingefallen, leider. Jetzt muss ich aber aufpassen, dass ich nicht neidisch werde. Weil der Prof Tim über die dicken Backen streichelt, weil Tim so was Richtiges gesagt hat. Über meine Backen gestreichelt hat der Prof doch nie, oder? Auweia, Ida, was hast du da grad versprochen? Nicht mehr neidisch sein! Wie geht denn das? Einfach schlucken oder Nase hochziehen oder woanders hingucken? Da zischelt mir plötzlich jemand ganz nah ins Ohr und legt seine Arme um mich, das hat er noch nie gemacht. Lucas!

»Ida, unser Prof war doch damals dein Geburtstagsgeschenk, weiß du noch? Und wir durften auch was davon abhaben. Weißt du noch? Es war so toll, wie er uns alles erklärt hat vom Himmel und der Erde. Der Prof war wie eine Geburtstagstorte, meine ich mal, und jetzt kriegt Tim mal wieder ein dickes Stück davon ab.«

Er kichert und spuckt in mein Ohr. »Du weißt doch, mein Kumpel hat Süßes so gern!«

Ich muss kichern und putze mein Ohr, und siehe da, mein Neid ist weg. Weggezischelt von Lucas!

Mein Prof eine Torte, die wir uns teilen! Das ist lustig. Und es macht mir überhaupt nichts mehr aus, dass der Prof sagt: »Ein hübsches Bild, Tim, der Frieden als Steinchen im Teich, das immer weitere Wellen macht, eine Friedensbotschaft verkündet, das will ich mir merken. Erzähle das deinem Papa, der wird staunen über sein Kind!«

Und es macht mir auch überhaupt nichts mehr aus, dass Tim stolz die Hand vom Prof schüttelt und der kräftig zurückschüttelt. Und dass Tim dem Prof schon wieder ein Bonbon schenkt aus seinem Rucksack und der Prof sich bedankt und fröhlich lutscht und Tim richtig liebevoll die Mütze zur Nase zieht.

»Aber ehe wir jetzt endlich unsere Kletterei beginnen, hoch auf den Felsen, auf den Gipfel, fällt mir noch ein interessantes Bild ein, nämlich, Philosophie als Höhentraining, ihr werdet schon sehen.« Der Prof zeigt nach oben, aber verstehen kann man ihn jetzt nicht so gut, er knirscht mit seinem Bonbon herum.

»Sich in dünnerer Luft den Problemen zu stellen, wie zum Beispiel: Was ist die Welt?, da kommt man ganz schnell an komische Fragen, an grundlegende Fragen. Obwohl wir da so weit oben sind, sind wir doch unten tief verwurzelt. Da stellt man sich plötzlich die Frage: Was sind die ewigen Elemente der Welt, aus denen heraus sich alles Neue entwickelt? Zu hoch für euch?«

Nee, Prof, zu hoch ist der Kletterfelsen bestimmt nicht, aber was du grad gesagt hast, schon. Aber wenn wir erst mal hochgekraxelt sind in die dünnere Luft, vielleicht fallen uns da diese komischen Fragen ein? Hier unten habe ich jetzt aber eine ganz andere Frage, eine fürsorgliche. Wir Großen sind alle da, aber wo sind die Kleinen? Lisa, das geht auch an dich!

»Celia, komm her, aber sofort!«, schreit Lisa gleich, und Tim schwenkt seinen Rucksack: »Baby, Baby, Happi Happi!«

Lucas ruft nicht, er ist schon dabei, den Felsen hochzukraxeln. Er klammert sich fest an Grasbüschel, der Felsen ist furchtbar steil. Der Prof schaut besorgt nach oben zu Lucas und auch nach unten. Von Celia und Baby ist nichts zu sehen. Aber zu hören! Da kichert was, da fiept was, ganz nah.

»Kuckuck!«, kreischt Celia vergnügt und kriecht unter einem Stachelbusch hervor, Gesicht voller Schrammen, Hose verdreckt, und mit ihr Baby, das Fell voller Dornen und Blätter. Beide sehen aus, wie Kind und Hund nicht aussehen sollen.

»Ich und Baby haben Wichtel getroffen!«, teilt uns Celia eifrig mit. »Haben Kämpfchen gehabt, Wichtel haben gebissen.«

»Und ich wichtel dir gleich eins auf den Po!«, schreit Lisa. »Weißt du, wie du aussiehst?«

»Ja!«, nickt Celia. »Schön! Hab alle Wichtel totgemacht, waren klitzeklein. Baby hat tote Wichtel aufgeschleckt.«

»So viel zum Frieden auf der Welt, wo keiner den anderen bekämpft«, grinst der Prof und zupft Ameisen aus Celias Löckchen.

»Da hoffe ich doch, dass die meisten Wichtel entkommen konnten und du verzichtest in Zukunft auf Ameisenjagd.«

»Neee!«, strahlt Celia.

Der Prof seufzt und zwinkert Lisa zu.

Die seufzt auch. »Aufklärungsarbeit, ich weiß schon. Der Mensch sei des Menschen Freund und auch vom kleinsten Tier.«

»So ist es, Lisa«, nickt der Prof und zeigt nach oben. »Seid ihr bereit für unser philosophisches Höhentraining? Alle Mann unserem Sportler Lucas hinterher?«

Natürlich nicht alle Mann, Prof, das siehste doch selber. Mit Celia und Baby geht's nicht, wir haben ein Problem. Ergo, das müssen wir erst lösen.

»Ist schon gelöst!«, brummelt Tim und lässt sich und Rucksack auf den Boden plumpsen. »Was kann ich wissen? Klar, die Kleinen schaffen's nicht, tragen geht auch nicht, zu gefährlich. Was soll ich tun? Klar, ich bleib hier unten, pass auf sie auf. Was darf ich hoffen … weiß ich nicht so genau.«

»Dass sie dir nicht deinen Rucksack klauen, alle Süßigkeiten auffuttern und dann auf deine Füße kotzen.« Lisa kichert. »Tim. Gib's doch zu, du bist bloß zu faul, um da raufzusteigen.«

Tim schnauft und ruckelt an seiner Mütze. Er schaut hoch zum Prof. »Muss ich jetzt ehrlich sein oder darf ich lügen?«

Der kratzt sich am Bart. »Tim, da fragst du mich zu viel. Aber vielleicht hilft dir ja ein interessanter Satz aus dem alten Griechenland: Alle Kreter lügen, sagt der Kreter. Nur zu deiner Information, die Kreter waren ein Volksstamm in Griechenland.«

So, und was heißt jetzt das, ist das ein Rätsel oder was? Tim stöhnt auf, der Prof wartet mit schief gelegtem Kopf, Lisa kaut auf ihrem Pferdeschwanz, und Lucas kraxelt begeistert weiter. Los, Tim, mach schon! Wir wollen da oben rauf, es wird ja schon bald dämmrig. Denk an deinen Papa oder so was. Aber Tim macht nicht, dafür aber Lisa, natürlich Lisa.

»Wenn Tim als Kreter sagt, dass alle Kreter lügen, dann lügt er doch, logisch, auch. Weil er ein Kreter ist. Das muss also heißen, in Wahrheit lügen die Kreter gar nicht. Oder ist das umgekehrt?« Der Prof grinst und zuckt die Schultern. Heißt das, er weiß es auch nicht?

»Ich bin kein Kreter«, nuschelt Tim. »Ich bin das Kind von meinem Papa und der lügt ...«

Weiter kommt er nicht. Lucas, grad noch viele Meter hoch auf dem Kletterfelsen, grad noch hat er laut gerufen »Wo bleibt ihr denn, ihr Schlafmützen«, grad noch hat er heftig gewunken ... da rutscht er plötzlich ab, er schreit noch »Scheiße!«, und nein, das darf doch nicht wahr sein! Der fällt ja runter! Hilfe!!!

Da kommt er auch schon runtergekugelt, blitzschnell, richtig Hals über Kopf, und landet mit einem Platsch auf dem Rucksack von Tim. Liegt da, bewegungslos ...

Sofort stürzt der Prof los, Lisa und ich hinterher. Ist er schlimm verletzt? Sieht man Blut? Muss er ins Krankenhaus? Wo ist hier denn eins? Was werden seine Eltern sagen? Lucas, Lucas, sag doch was! So geht das hin und her.

Nur der Prof, käseweiß um die Nase, tastet vorsichtig an seinen Armen, seinen Beinen und murmelt immerzu: »Tut es hier weh? Tut es da weh? Kannst du atmen? Zeig es mir, Lucas, zeig es mir. Mach mir keinen Ärger.«

Und jetzt zerren auch Lisa, Tim und ich an Lucas herum, Celia heult, Baby bellt... Lucas, Lucas, sag doch was, bitte, bitte...

»Finger weg, das kitzelt«, knurrt Lucas, aber ziemlich leise. »Ich glaub, meine Zahnspange ist kaputt. Kann man's sehen?«

Er sperrt den Mund weit auf. »Die war nämlich teuer!«

Wir atmen auf, besonders der Prof. Gott sei Dank, der Lucas ist heil geblieben, zumindest im Kopf. Und, neee, Lucas, die Zahnspange blitzt festgewachsen in seinem Mund wie immer.

»Nix passiert, regt euch ab«, lispelt Lucas und will auf die Beine springen und knickt gleich wieder ein. Aua!

Also doch! Da ist doch was kaputtgegangen. Da tropft ja Blut! Ein Hosenbein ist völlig zerfetzt und das Knie darunter abgeschrammt, und wie! Da kann man ja beinah den Knochen sehen!

»Zimperliese!«, knurrt Lucas mich jetzt an, aber seine Stimme wackelt dabei ziemlich. Blut sehen ist nicht so sein Ding.

»Nichts ist gebrochen, hört auf mit dem Getue«, ruft der Prof ziemlich streng und befiehlt: »Pflaster her!«

So hat er aber noch nie mit uns gesprochen, so was kennen wir doch bloß von unseren Eltern. Meine sind stinkwütend, wenn ich mir mal wehgetan habe, und sie wissen genau, sie sind schuld, weil sie nicht aufgepasst haben. Erst krieg ich eins auf die Mütze und dann heulen sie. Mensch, Prof!

Wir rennen alle durcheinander. Pflaster her, wo ist ein Pflaster! Tim, vielleicht in deinem Rucksack? Tim schüttelt den Kopf.

»Bloß noch platt gequetschte Schokolade, wegen dem da!« Er streichelt dabei liebevoll das kaputte Bein von Lucas.

»Es hätte mich auch gewundert, wenn du im Rucksack auch mal

Nützliches gehortet hättest«, fährt der Prof ihn an, und die heulende Celia und bellender Baby kriegen auch was ab. »Könnt ihr bitte die Klappe halten! Mir platzt der Kopf!«

Mensch, Prof, heulst du jetzt gleich?

»Pflaster dürfte sich im Auto befinden, im Erste-Hilfe-Kasten«, sagt Lisa ganz ruhig. »Komm zu mir, Celia, wir holen das zusammen, ja?« Und schon marschiert sie los, mit einer schluchzenden Celia an der Hand und Baby an der Leine. Gut gemacht, Lisa, auf dich kann man sich verlassen, wenn's brenzlig wird.

Der Prof und ich, wir schleppen Lucas gemeinsam hinterher. Tim vorneweg, er hat sich das kaputte Bein von Lucas auf seine Schulter gepackt. Was für ein Trauerzug!

Celia schluchzt, der Prof ist bleich und ernst, und Lucas wird immer schwerer … Da hören wir plötzlich, Lisa und Celia singen ja, lauthals!

»Heile, heile Segen, drei Tage Regen, drei Tage Schnee, tut dem Kindlein nicht mehr weh.« Ja, und wir anderen, wir singen mit! Sogar Lucas. Singend ziehen wir ein auf den Campingplatz. Wie gut, dass wir hier alleine sind. Leute hätten sich schon schwer gewundert über uns. Ein verletztes Kind wird geschleppt und alle singen laut und fröhlich.

Es hat uns aber allen gutgetan, besonders dem Prof, weil, wenn man singt, dann hat man keine Angst mehr, das weiß ich. Und unser Prof, der hat das jetzt gelernt!

Vorm Kinderzelt kriegt das blutige Knie von Lucas gleich drei dicke Pflaster und zwei auf den Ellenbogen und eins auf die Stirn, die hat auch Felsenzacken abgekriegt. Und dann muss er vor uns Probe hüpfen, er kann es prima, alles ist heil geblieben, wir klatschen Applaus. Besonders laut und richtig erleichtert klatscht, na, wer schon!

Und dann räubern wir alle zusammen den Rucksack von Tim. Jetzt muss was Süßes her, egal ob zerquetscht oder nicht!

Am Lagerfeuer denken sich Gedanken still und klar

Es ist dunkel geworden. Den Kletterfelsen können wir vergessen. Von hier aus sieht er auch richtig ein bisschen unheimlich aus, so hoch, so duster. Und außerdem hat er ja auch unseren Lucas runter-gespuckt. Aber dem geht's schon wieder gut. Unserem Prof nicht ganz so. Immer wieder schaut er zu Lucas hin und uns andere scheucht er ins Kinderzelt. Jacken, Pullis, Schals holen, es ist kühl geworden.

»Vergesst mir meinen Lucas nicht!«, ruft er uns hinterher, aber sich selber vergisst er schon. Er braucht doch auch 'nen Pulli! Nein, er lässt uns nicht aus den Augen, und als wir aus dem Zelt rausge-krochen kommen, Tim brav mit Lucas' Jacke, kontrolliert er sofort, ob wir auch warm eingepackt sind.

Sind wir, Prof, sind wir. Schau mal, Baby hat sogar ein Mützchen auf dem Kopf. Aber nicht lange! War ja wohl auch Celias Idee ... Am Abendhimmel glitzert ganz schwach ein Stern, weit, weit von uns entfernt, das wissen wir schon. So weit, wie wir gar nicht denken können. Aber toll, dass wir ihn sehen dürfen!

»Ich bin ein Kranker, man muss mich schonen, ich will jetzt ein Lagerfeuer!«, lispelt Lucas und springt auf, so, wie ein Kranker nie aufspringen würde. Und schon wetzt er los, Stöckchen suchen.

»Aber nur unter meiner Aufsicht und mit Taschenlampe!«, ruft der Prof ihm nach und ist schon auf den Beinen.

Ein Lagerfeuer, toll! Los, wir suchen auch! Sogar Tim setzt sich in

Bewegung, Lucas hinterher. Ganz klar, nach Hölzchen bückt Tim sich nicht, er will seinen Kumpel bewachen.

Wir sammeln Zweige, Äste, Stöckchen, alles, was wir finden können. Immer beleuchtet von der Taschenlampe vom Prof. Und immer begleitet von seinen besorgten Rufen: »Seh ich euch noch? Seid ihr noch da! Passt ihr auch auf?«

Ja, ja, ja, na klar! Mach dir keine Sorgen, Prof!

Hände voll, Arme voll schleppen wir prima Brennholz heran, Celia trägt stolz ein Stöckchen und Baby gar nichts, nur das Mützchen, das hängt ihm am Schwanz. Aber Tim, den haben wir verloren. Nee, doch nicht, da kommt er ja, und auch er schleppt! Na, was wohl? Unser Abendessen, diesmal ist's der Korb vom Prof. Gute Idee, Tim, uns allen knurrt der Magen, und Baby hat sich gleich mit einem Hops ein Würstchen geklaut und kaut begeistert. Soll er doch, auch wenn die Würstchen wahrscheinlich abgezählt waren. Der Mensch sei des Menschen Freund und auch vom Tier, jawohl, ich weiß es noch genau. Ich verzichte freiwillig auf mein Würstchen! Ich hab Würstchen sowieso nicht so gerne.

Aber ich hole jetzt auch was, das muss sein. Nämlich einen Pulli für meinen Prof aus seinem Zelt, das trau ich mich locker. Er soll doch nicht frieren, ich bin doch sein Freund.

Einen wunderschönen Scheiterhaufen sehe ich aufgebaut, als ich mit seinem Pulli zurückkomme. Er schlüpft auch gleich rein und vergisst ein »Danke, meine allerbeste Ida!«. Macht nichts, er ist halt immer noch aufgeregt.

Und so aufgeregt ruft er auch: »Alle Mann Achtung, bitte weit weg vom Scheiterhaufen, sehr weit weg, bitte noch weiter weg!«

Er zündet den Scheiterhaufen an, gleich züngeln Flämmchen hoch, die werden zu Flammen. Toll sieht das aus in der Dunkelheit, es knistert und knackt und leuchtet.

Wir staunen andächtig ins unruhige Feuer. Nur Tim staunt nicht, der verteilt das Abendessen. Käsebrote, Pizza-Stückchen, Radieschen, Gurken, Tomaten, Bananen und eben die Würstchen. Die dürfen wir auf Stöckchen stecken und überm Feuer braten, ich brate mir eine Banane. Unter strenger Aufsicht vom Prof. Seine Augen sind überall. Meine Banane klatscht leider gleich ins Feuer.

»Tut mir leid, Ida!«, sagt der Prof und blinzelt mir zu. Na, wenigstens das. »Das Feuer frisst offenbar nicht nur Holz, sondern auch Bananen. Hier!« Er reicht mir einen Apfel. »Und jetzt sind wir auch wieder bei unserem Thema, Freunde, die Naturphilosophie. Das Feuer, auch ein Element, wir sehen es, wir kennen es. Das hat auch Heraklit begriffen. Der hat nämlich beobachtet, dass Feuer sich zwar ständig verändert, aber sich doch immer gleich bleibt. Seht ihr das?« Er deutet auf den Scheiterhaufen. Ja, stimmt. Da sind hohe Flammen, die flackern nach links und rechts, da sind aber auch nur so Glühpünktchen am Rande, da flackert nichts. Aber heiß sind die trotzdem. Probieren wir lieber nicht aus, sonst regt er sich wieder auf.

Der Prof wirft einen dürren Ast auf den Scheiterhaufen. Sofort zischen drei Flammen himmelhoch.

»Da seht ihr's mal, Freunde, wie die Flammen kommen und gehen. Das Feuer ist nämlich so was wie ein Lebewesen. Solange es neue Nahrung bekommt, bleibt es auch am Leben. Füttern wir es nicht mehr mit Holz, kriegt es also keine Nahrung mehr, zack, geht es aus.

Das weiß jeder, nicht wahr? Hat also alles aufgefressen. Zündet ihr zum Beispiel eine Kerze an, die hat eine stille Flamme, dann könnt ihr zum Beispiel sehen, wie diese ruhige Flamme die Luft um sich herum in Bewegung setzt. Schon mal gesehen?«

Nee, Prof, da hab ich nie drauf geachtet. Aber Tim nickt. So was!

»Um die Flamme von der Kerze wackelt ein bisschen die Luft, ganz golden. Das sieht aus wie in der Kirche, weil, da haben doch die Heiligen auch manchmal so was Goldenes um ihren Kopf. Mein Papa geht an Weihnachten immer mit mir in die Kirche.« Er kaut richtig nachdenklich an einem Pizza-Stück.

»Heiligenschein heißt das!«

Und wer das sagt, na, das ist wohl klar. Aber dass die Kerzenflamme einen Heiligenschein hat, der aus Luft besteht, das gefällt mir. Nur, die Kerze ist ja keine Heilige, die besteht aus Wachs. Und wenn sie ihr Wachs aufgefressen hat, zack, geht sie aus. Sie hat keine Nahrung mehr. Stimmt doch, Prof, oder?

»Stimmt, Ida.« Der Prof nickt mir zu. »Das Feuer ist ein Element, das immer Nahrung braucht. Kriegt es viel, lodert es hoch wie hier bei unserem Scheiterhaufen, seid so lieb, haltet Abstand, Brandwunden vertrage ich heute nicht mehr. Also, kriegt es wenig Nahrung, verglüht es. Für Heraklit war das Feuer ein wichtiges Beispiel dafür, wie sich was verändern kann, aber trotzdem sich gleich bleibt. Wie das Wasser, ihr erinnert euch. Das allerdings braucht keine Nahrung. Es fließt, aber Feuer kann auch fließen, oh ja! Wenn zum Beispiel auf einem Hügel ein Feuer ausbricht, fließt es blitzschnell den Hügel runter, beinah so schnell, wie Wasser fließen würde, und frisst dabei trockenes Gras und Zweige. Springen kann es auch, zum

Beispiel Baumstämme hoch, wusch, steht der Baum in Flammen. Feuer kann wärmen und unsere Würstchen lecker braten, Feuer kann aber auch zerstören. Wie Wasser auch, es erfrischt uns am Meer, und plötzlich tritt's über und überschwemmt Dörfer und ganze Landstriche. Wie sagt Tim so schön? Aus die Maus. Aber, Freunde, worauf ich jetzt hinauswill – also eigentlich sagt das Heraklit: Alles fließt. Das Fließende, das war für ihn das Allerwichtigste. *Panta rei!* Alles fließt! Ein faszinierender Gedanke.«

»Griechisch«, murmelt Lisa, na ja, wer auch sonst.

Der Prof nickt und starrt nachdenklich ins Feuer. Wir starren mit. Nur Celia nicht, die ist eingeschlafen und Baby auch. Zwei eingekringelte Pulli-Pelz-Häufchen.

Der Abend ist rabenschwarze Nacht geworden, der Funkelstern ist hinter dunklen Wolken verschwunden, die Bäume und den Hügel hat die Nacht geschluckt. Wir rücken alle ein bisschen näher zusammen, es ist, als gäb's jetzt bloß uns auf der Welt und ein Feuer, was uns leuchtet und uns wärmt. Im Dunkeln wird die Welt ein bisschen fremd, da ist man irgendwie ganz bei sich allein. Aber fürchten muss man sich nicht. Das Dunkel ist so was wie ein Beschützer, legt sich so verlässlich um mich herum, wie ein dicker Kuschelschal.

Ich hab das bloß so leise vor mich hingedacht, der Prof hat es aber trotzdem gehört. Er rückt näher zu mir hin. Schön!

»Nacht ist der eigentliche Zustand des Universums, Ida. Wir leben zwar auf unserm wunderbaren Planeten, der aber ist im Universum. Und das hat nichts Bedrohliches, gar nichts. Schön, dass du so denkst.« Und jetzt rückt er wieder weg. Schade.

»Heraklit, das war ein interessanter Typ. Der Dunkle, so hat man ihn genannt. Dunkel und menschenscheu, der hat die Menschen nicht geliebt. Der hat sich nur für das Ganze interessiert, der hat sich bemüht, dahinterzukommen, was denn drinsteckt, im Ganzen. Dass die Dinge, auch wenn sie sich ähnlich bleiben, sich doch immer wieder verändern. Dass immer wieder was Neues passiert. Und dass eben die Welt nie stillsteht, nie! Das ist das Ewige! Das hat ihn besonders umgetrieben! Der Nicht-Stillstand ist das Ewige! Ist das nicht eine erstaunliche Erkenntnis?«

Da hat der Heraklit aber einen Riesengedanken gehabt. Also, da wundert's mich nicht, dass er lieber alleine war. Dem ist ja beinah der Kopf geplatzt und die anderen Griechen hätten ihn bestimmt ausgelacht. Die hätten doch bestimmt gedacht, ewig kann doch bloß was sein, was immerzu und felsenfest da ist und schon immer da war und immer da sein wird. Dass sich immerzu was bewegt und auch weiter bewegen wird, na ja, sieht man doch am Wasser, am Feuer, an der Luft und an der Erde überhaupt, also, das muss doch das Ewige sein!

Ich finde das toll! Darüber kann man doch staunen!

Ich schau jetzt aber nicht zur Lisa hin, ob sie schon genervt ist, weil ich so lange laut gedacht habe. Ich schau lieber zum Prof. Der wirft nur noch Stöckchen ins Lagerfeuer, keine dicken Zweige mehr. Heißt das, das Feuer soll bald alles aufgefressen haben und dann ab ins Zelt? Ist er müde?

Nee, heißt es nicht. Er lächelt mir zu, ganz wach.

»Ida, das Wichtigste, was wir uns bewahren sollen, wir Alten, meine ich, das ist das Staunenkönnen. Kinder sind darin Weltmeister. Und wenn dann das Staunen in Verstehen übergeht, entsteht

neue Erfahrung, neues Wissen. Das ist das Beste, was uns widerfahren kann.«

Ja, aber wenn ich dann alles weiß oder fürchterlich viel, hört dann mein Staunen auf?

»Ida, das wäre ziemlich fatal«, sagt der Prof und wirft schnell einen Blick in die Runde. Er sorgt sich immer noch. Sind noch alle da? Keiner zu nah am Feuer? »Du würdest dich grässlich langweilen, alles schon bekannt, alles schon mal gesehen, gähn, gähn. Nee, nee, so was passiert einem Stauner nicht. Der weiß, nur durchs Staunen und durchs Fragen kommen die neuen Erkenntnisse und damit neue Möglichkeiten des Handelns, Lisa, stimmst du mir zu?«

Die Jungen fragt er nicht. Die pennen. Tims Kopfkissen ist sein Rucksack und sein Bauch das Kopfkissen von Lucas ...

Lisa rückt nah zu mir und zwickt mich in den Arm. Und das soll sicher heißen, jetzt sind wir unter uns, wir klugen Köpfe. Aber jetzt wird nur noch gewispert, damit die Schlafmützen nicht aufwachen, okay? Und schon wispert sie los.

»Ich bin nämlich so ein Stauner, ja! Weil, wenn ich was bestaune, dann will ich garantiert wissen, was dahintersteckt. Und wenn ich dann Antworten kriege, dann ist es ganz komisch. Dann sausen nämlich gleich neue Fragen durch meinen Kopf. Die fangen alle an mit: Warum ist das so, könnte es nicht auch ganz anders sein? Bei der Celia ist es ganz ähnlich, na ja, sie ist ja auch meine Schwester!« Sie stupst mich an. »Weißt du noch, Ida, wie Celia wissen wollte, warum ihre Puppe Aua kreischt, wenn man sie schüttelt?«

Na, klar weiß ich das noch, ich war ja dabei. Lisa hat ihr erklärt, dass da im Bauch von der Puppe so ein Mechanismus sitzt, ziemlich klein, der reagiert auf Schütteln.

»Ja, und dann hat Celia die Puppe zertrümmert, weil sie unbedingt sehen wollte, wie das Aua-Ding aussieht, weißt du noch?«

Ja, und wie. Du warst nämlich furchtbar sauer, Lisa, du hast wüst geschimpft. Das war der Celia aber egal. Sie wollte sofort wissen, warum das Ding da drin Aua sagt, wo doch die Puppe gar nicht krank ist. Ich muss kichern, Lisa kichert mit, und der Prof schmunzelt: »Da seht ihr's mal. Jede Antwort auf eine Wissensfrage gebiert sozusagen eine neue Frage.«

»Oder einen Krach zwischen Schwestern!«, kichert Lisa, und jetzt kichern wir alle drei, aber leise, leise.

Schön ist das, zusammen leise zu kichern am Lagerfeuer in der Nacht. Und zu wissen, weil, unser Prof hat's ja gesagt, alles ist in Bewegung und ist trotzdem ewig. Immer wird's was Neues geben.

Wir werden alle ganz neue Gedanken haben können, von denen wir vorher noch nix gewusst haben. So wie die alten Griechen in der Vergangenheit. Gestaunt und gedacht und dann gewusst. Wir leben jetzt in der Gegenwart, stimmt doch, Prof? Da denken wir jetzt anders, weil wir mehr wissen. Weil wir das weiterdenken können, was die Philosophen uns vorgedacht haben. Das hast du uns erzählt. Aber die Philosophen, die hatten doch auch ihre Gegenwart, ganz bestimmt. Dann ist doch Vergangenheit auch eine Gegenwart, bloß zu einer anderen Zeit! Stimmt doch, Prof, oder?

Der nimmt mich in den Arm und flüstert: »Die Nacht, die Nacht, sieh, was sie mit uns macht. Bringt Gedanken hervor von höchster philosophischer Qualität, meine Gute. Bravo!«

Ich werde rot, kann man zum Glück nicht sehen, das Feuer hat seine Nahrung aufgefressen. Ich kuschel mich ganz schnell in seinen Arm und schiele zu Lisa. Ist sie jetzt beleidigt? Kann man zum Glück auch nicht sehen.

Der Prof drückt kurz meine Schulter. »Was das Staunen und Begreifen angeht, da gab es noch einen ganz wichtigen Philosophen, den Empedokles. Das war der erste Philosoph, dem klar war, dass alles zusammengehören muss. Dass das eine ohne das andere nicht sein kann. Alles gleich wichtig, Wasser, Feuer, Luft und Erde. So denken wir auch heute noch, nicht wahr? Aber aufgetaucht ist der Gedanke eben bei Empedokles schon vor zweitausendsechshundert Jahren, ist das nicht zum Staunen?«

Lisa und ich nicken im Dunkel, auf dem Scheiterhaufen hüpft nur noch ein winziges Flämmchen.

»Wir können heute aber beweisen, dass es so ist«, flüstert Lisa.

»Weil wir heute Experimente machen können, das konnten doch die alten Griechen nicht.« Aber deswegen sind wir nicht klüger als die alten Griechen, Lisa. Wir wissen jetzt bloß mehr. Ich glaube sogar, die waren die Allerklügsten, ja! Weil, die haben zum allerersten Mal ganz was Neues gedacht, so was, was nie vorher jemand gedacht hat. Und wir denken jetzt ihrem Neuen einfach hinterher, und dann kommt wieder was Neues raus, aber das ist viel kleiner. Lisa, denk an die Gedankenriesen und die Gedankenzwerge, stimmt doch, Prof? Ich hoffe, er nickt, sehen kann ich's ja nicht. Aber hören kann ich ihn.

»Ida, ist dir aufgefallen? Am Lagerfeuer in der Nacht denken sich Gedanken still und klar. Und wenn man zusammensitzt, so wie hier jetzt wir drei, wandern die Gedanken von einem zum anderen. Und immer ist es ein Gewinn für jeden, der Gewinn der Erkenntnis.«

Er knipst die Taschenlampe an. Schade.

»Aber jetzt, ab in die Falle. Unsere jungen Herren und unsere Kleinen sind schon ins Schlummerland gegangen. Wir wollen ihnen folgen, meine Philosophinnen!«

Nachtgespräche mit Folgen für Baby

Ja, und jetzt liegen wir alle »in der Falle«, eingemummelt in unsere Schlafsäcke. Bloß Baby hat keinen und da gab's auch gleich Gezanke. Jeder wollte den kleinen Wuschel zu sich in den Schlafsack locken, aber gewonnen hat natürlich Celia. Obwohl sie gar nicht gelockt hat. Baby ist natürlich sofort zu ihr gekrochen und schnarcht ein leises Hundeschnarchen. Tim schnarcht auch, ein murmeliges Tim-Schnarchen. Von Lisa höre ich nichts und Lucas' Schlafsack zappelt. Wahrscheinlich ist er im Schlummerland wieder auf einen Felsen geklettert.

Ich kann nicht schlafen. Da flitzen Gedanken kreuz und quer im Kopf herum. Immerzu muss ich dran denken, wie alleine die Philosophen doch waren. Jeder hat für sich gedacht. Der Thales das vom Wasser, der Heraklit vom Wasser und Feuer, der Anaximenes von der Luft und der Empedokles hat sich alles zusammengestaunt. Wasser, Feuer, Luft und Erde. Alles furchtbar neu für sie und für uns ganz alt. Da fällt mir ein, von Empedokles wissen die Jungs ja noch gar nichts, die sind ja vorher eingepennt. Soll ich sie jetzt wecken? Neee, lieber nicht. Da kommt schon wieder ein Gedanke angeflitzt. Der Prof hat doch gesagt, wir wissen gar nicht genau, ob es diese Philosophen überhaupt gegeben hat! Ja, aber woher sollten diese tollen, wichtigen Erkenntnisse aus der Vergangenheit denn dann gekommen sein? Nur Menschen können doch denken und Erkenntnisse haben, die Pflanzen und Tiere doch nicht! Ich wälze mich im

145

Schlafsack herum. Doch, es muss sie gegeben haben, das wäre nämlich der, ja, der Logos. Vielleicht waren diese Gedankenriesen ja eine ganze Gruppe von Griechen, und die hatten bloß andere Namen, dann hätte man die zum, ja, zum Mythos gemacht ... kann das sein? Schön wär's, ich könnte jetzt den Prof befragen, aber der schläft ja fest in seinem Zelt. Oder es käme endlich das Sandmännchen von Celia mit Schlafsand und dann klippklapp die Augen zu. Kein Prof, kein Sandmännchen, dafür aber Tim! Der wurschtelt sich aus seinem Schlafsack raus und stöhnt: »Ich schwitze!«

Pst, schwitz leiser, Tim, die anderen schlafen!

»Du aber nicht, Ida!«, brummelt Tim und krabbelt zu mir rüber.

»Rutsch mal 'n Stück.« Neee, stopp, Tim! Aber da ist es auch schon passiert! Beim Krabbeln ist er auf Lucas' Knie getreten, der jault auf. Lisa erwischt er an der Schulter, die motzt: »Trampeltier!« Baby quietscht, dem ist er auf den Schwanz gelatscht, und sofort kreischt Celia: »Lisa! Angst! Böser Wolf ist da! Will Celia fressen!«

Armer Tim! Jetzt sind alle wieder wach und sauer auf dich! Blöd gelaufen, oder besser, blöd gekrabbelt.

Ich krieche aus meinem Schlafsack. »Alle mal herhören, Leute! Tim hat's doch nicht mit Absicht gemacht und darum bitte jetzt keinen Aufstand! Oder ist jetzt jemand tot oder was? Und wenn jetzt bitte mal jemand Celia trösten könnte, fände ich das gut!«

»Was ist denn mit dir los, Ida?«, murrt Lisa und zieht die heulende Celia zu sich her. »Du sprichst ja plötzlich wie der Prof!«

Ach ja? Ich werde rot. Sieht man zum Glück nicht im dunklen Zelt. Aber wenn sie meint. Na gut, dann rede ich eben weiter so.

»Wenn jetzt alle wach sind, dann kann ich auch gleich vom Empedokles erzählen, Tim und Lucas, den habt ihr ja gar nicht mitgekriegt. Also, das war nämlich auch ein Philosoph ...«

»Logisch!«, unterbricht mich Lucas kicherig. »Ein Fußballspieler war das nicht. Die kenne ich nämlich alle.«

»Klugscheißer!« Er kriegt von Lisa einen Tritt, aber feste ist der bestimmt nicht.

»Also ...« Ich erzähle schnell weiter und hebe den Zeigefinger. Schade, dass man das im dunklen Zelt nicht sehen kann.

»Empedokles hat kapiert, dass alles zusammenhängen muss. Alles! Wasser, Feuer, Luft und Erde. Kapiert? Sind noch Fragen offen?« Ich finde, das hab ich schön gesagt, aber eine Antwort kriege ich nicht. Nur von Celia.

»Neee!«, kreischt sie. »Singen!!!«

Ach ja, das Singen gegen die Angst. Ich seufze. Sofort legt Lisa auch gleich los. Die Melodie klingt wie »Hänschen klein«, aber der Text ist ganz anders, was singt sie denn da?

»Lieber Prof, sag mir doch,
sonst frag ich dir in den Bauch ein Loch,
ob wir heut' ohne die Griechenleut'
auch so schlau wär'n wie jetzt!«

Wir kichern los. Bravo, Lisa! Und sofort singe ich weiter:

»Nee, das glaub ich nimmermehr,
wir wären blöd wie Lucas hier,
ohne die wären wir nie
jetzt im Zelt mit Prof!«

Von Lucas krieg ich gleich einen Boxer, aber auch einen Zischelgesang mit viel Spucke:

»Lieber Prof, sag mir doch,
sonst kriegste gleich mit mir Zoff,
haben die auch Sport getrieben
oder sich bloß das Hirn zerrieben?«

Und schon lobt er sich selber mit einem »Hundert Punkte, toller Lucas« und boxt gegen das Zeltdach, dass es wackelt. Darf er. Die gesungene Frage war doch wirklich gut, außerdem sind Celia und Baby still geworden, sie horchen gespannt,bestimmt.

Weil, Lisa singt sofort ihre Antwort:

»Lieber Lucas, sei nicht blöd,
noch nie was von Olympischen Spielen gehört?
Schau mal nach im Lexikon,
das rat ich dir seit Jahren schon!«

Lucas kichert, aber das Kichern hört sich sehr nach einer sehr lang rausgestreckten Zunge an ...

Da singt Tim plötzlich los, nix Gebrummel, er singt glockenhell, alle Töne stimmen!

»Mein Papa hätt garantiert sich jetzt
in den Fernsehsessel gesetzt
und gebrüllt, ziemlich wild:
Tim, gib endlich Ruh'!

Aber weil ich was wissen will,

hör ich nicht auf sein Gebrüll.

Strecke ihm die Zunge raus

Und schalt ihm den Fernseher aus!«

Ganz kurz ist es mäuschenstill im Kinderzelt, aber dann bricht ein Riesengetümmel los! Bravo, Tim! Zweihundert Punkte, Tim! Habt ihr das gehört? Der singt ja wie ein Chorknabe, der soll in Zukunft die Matheaufgaben in der Schule singen und nicht brummeln. Habt ihr auch gehört, wie sein Papa eins auf die Mütze kriegt? Bravo, Tim! Und jeder will Tim auf die Schulter klopfen, und jeder kullert über jeden und klopft auf die falsche Schulter, wir verheddern uns in den Schlafsäcken, Baby quietscht, Celia quietscht mit. Wir treten uns auf Rücken, auf Bäuche, auf Hände, und es ist ein Geschrei und Gekicher. Unser Zelt wackelt hin und her und wir mittendrin sind wie ein Klumpen aus Lachen. Wir sind ein lachendes Miteinander! Da ist der Freund des Menschen Freund.

Da macht's plötzlich einen lauten Ratsch, in die offene Zelttür leuchtet ein riesiger Glühwurm ...

Die Taschenlampe vom Prof! Und er kommt hinterhergekrochen im Schlafanzug. »Sagt mal, muss ich mir Sorgen machen? Ihr seid doch hoffentlich alle heil! Oder findet hier gerade eine Party statt, zu der man mich nicht eingeladen hat?«

Wir wursteln uns auseinander und schauen uns an im Taschenlampenlicht. Ziemlich verlegen, finde ich. Keiner sagt was.

»Störe ich?«, fragt der Prof und ist schon mittendrin im Zelt und leuchtet uns einzeln mit der Lampe an. Was er sieht, scheint ihn zu beruhigen. Nur verknüllte Schlafsäcke und verwuschelte Kinder, denen das Gekicher bestimmt noch irgendwie im Gesicht klebt, kein Blut, keine Wunden und auch keine Tränen.

»Wir haben bloß philosophische Fragen besprochen«, flüstert Lisa und zupft an ihren Haaren.

»Neee, gesungen!«, kreischt Celia und krabbelt dem Prof auf den Schoß. »War schön!«

»Ach so!«, lacht der Prof und zupft den verrutschten Schlafanzug von Celia zurecht. »Das ist ja interessant. Sich singend der Philosophie zu nähern, ein neuer Gedanke. Um was ging es denn, wenn ich fragen darf?«

Nee, darf er nicht. So richtig philosophisch war's ja eigentlich auch nicht. Es war doch mehr so ein bisschen albern, aber lustig.

»Wir haben eigentlich schon alles geklärt«, sagt Lisa, und sofort nicken wir alle.

»Die Philosophen-Party also schon beendet!«, sagt der Prof und sucht nach Celias Schlafsack. »Alle Mann jetzt wieder ab ins Schlummerland?«

Ja, wenn das so einfach wäre! Wir sind jetzt alle blitzwach, besonders Celia, sie zappelt auf seinem Schoß herum.

»Märchen hören! Gleich!«

Wirklich, das wär jetzt schön. Aber was Wahres soll er erzählen, was Lustiges, dann können wir besser schlafen. Von sich soll er was erzählen. Vom Prof, als er noch kein Prof war, sondern ein kleiner Junge. Den kennen wir noch nicht!

»Also gut, ihr Nimmerschläfer.« Er grinst breit und fängt an:

»Da war also mal ein kleiner Junge und der trug eine Brille.«

»Wie du!«, ruft Celia begeistert und zerrt an ihr.

»Wie ich!«, bestätigt der Prof und bringt seine Brille in Sicherheit. »Der kleine Brillen-Junge ist auf dem Dorf aufgewachsen, da hatte sein Papa eine Kneipe, und das war toll, da war immer was los. Wenn Mama und Papa keine Zeit für ihn hatten, sie mussten ja viel arbeiten, waren doch immer viele Leute da, und die haben auch mit dem Jungen geschwatzt.«

»So eine Kneipe wünsche ich mir auch für Celia.« Lisa seufzt. Klappe, Lisa, die Geschichte fängt doch grad erst an.

»Ja, und in einer Nacht hat sein Papa den kleinen Jungen geweckt und vor den Fernseher gesetzt und mit ihm das tollste Ereignis überhaupt zusammen angeschaut. Nämlich die erste Landung eines Menschen auf dem Mond, ein Amerikaner war das. Dem Jungen sind schier die Augen rausgekullert vor lauter Staunen. Lange ist das her, aber vielleicht erinnert ihr euch doch, obschon, ihr wart ja damals noch ...«

»Im Bereich des Möglichen!«, ruft Lisa schnell.

Der Prof nickt ihr zu. »Noch nicht geboren worden, wollte ich eigentlich sagen. Aber es freut mich, wenn was bei euch hängen geblieben ist von unserer Philosophiererei. Also, der Junge war hellauf begeistert, und ihm war klar, das will er auch. Hinfliegen zum Mond.«

»Wie Peterchen!« Celias Augen glänzen richtig andächtig, oder müde? »Ist zum Mond geflogen in seinem Körbchen!«

»Tja, Celia«, lächelt der Prof und schiebt vorsichtig Celia in meine Arme. »Dem Peterchen ist es wohl gelungen. Dem kleinen Jungen aber nicht. Aber, er hat sofort einen Brief geschrieben an die NASA.

NASA, das ist die Raumfahrtbe-
hörde in Amerika, die die Raketen,
die Raumschiffe ins All, ins Universum hochschießen lässt. Manchmal mit Raumfahrern drin, manchmal ohne. Und Raumfahrer wollte
der Junge unbedingt werden. Das
war sein Traum.«

Tim grunzt. »Mein Papa hätte jetzt
gefragt, woher du denn die Anschrift
von der NASA gehabt hast?«

»Aus'm Internet, woher denn sonst!«, nuschelt Lucas und kriegt
sofort von Lisa ein: »Blödmann, das gab's doch damals noch gar
nicht, das war doch damals beinah so ein bisschen wie im Mittel-
alter.«

Der Prof kichert. »Verzeih, Lisa, dein Vergleich hinkt. Gar so lange
ist es nicht her. 1969 war die erste Mondlandung, rechnet es aus,
wenn ihr Lust habt. Aber stimmt schon, vom Computer bei uns noch
keine Spur. Woher der Junge die Anschrift hatte, keine Ahnung. Hab
ich vergessen. Muss jedenfalls doch ein pfiffiges Bürschlein gewesen sein. Wie auch immer, jetzt kommt das Tolle! Die von der NASA
haben ihm tatsächlich zurückgeschrieben, auf Englisch natürlich.
Konnte der Junge noch nicht, ein Gast in der Kneipe hat es ihm
übersetzt. Sie schrieben, dass sie sich gefreut hätten über die
Begeisterung, nur käme er leider als Raumfahrer nicht infrage. Er
sei noch ein bisschen sehr jung und Brillenträger würden sie nicht
nehmen. Ja, da war aus die Maus. Der Traum geplatzt.«

Ja, schade für dich Prof! Aber toll für uns! Sonst würdest du doch jetzt schwerelos im dicken weißen Raumfahreranzug auf dem Mond herumhüpfen und nicht im Schlafanzug bei uns im Zelt hocken und Geschichten erzählen!

»Auch wieder wahr, Ida«, sagt der Prof und knipst an seiner Taschenlampe herum. »Aber sagt mal, kommt jetzt nicht endlich mal Celias Sandmann und verstreut großzügig seinen Schlafsand?«

Nee, Prof, Pech gehabt, tut er nicht. Besonders nicht bei Tim. Den hat wohl unser Lob für seinen tollen Gesang richtig wach und fröhlich gemacht, weil, er stemmt sich auf die Knie und legt los: »Ich erzähl euch auch 'ne Geschichte, die ist auch gut! In so einem Raumschiff war mal ein Hund. Es war ein russisches Raumschiff und der Hund war auch ein Russe. Laika hat sie geheißen, die war da ganz alleine drin. Die haben die Russen da reingetan, weil, die Raumfahrtleute wollten mal sehen, ob das funktioniert mit was Lebendigem in so 'ner Raumkapsel. Dann haben sie sie hochgeschickt. Aber als das Raumschiff wieder zurückgekommen ist, da war die Laika tot. Hat mir mein Papa gesagt.«

Mensch, Tim, erschrocken tasten unsere Hände nach Baby, der schnarchelt, Zunge rausgestreckt, da klebt ein Bonbon dran. Baby lebt, das ist gut! Wir schauen hin zum Prof.

Der nickt. »Tims Papa hat recht, so war das. Laika hat den Flug in den Weltraum nicht überlebt. Ich wollte euch das eigentlich nicht erzählen, aber ...«

»Kindern ist die Wahrheit zumutbar!«, flüstern wir im Chor.

Nur Celia nicht. Die verkündet ernsthaft:

»Bin Peterchen, will zum Mond! Der da ist Laika! Will auch mit. Aber in meinem Körbchen. Kommt heile wieder heim und ich auch. Zu Lisa!«

Wir staunen, auch der Prof, aber ich hab's doch schon immer gewusst. Unsere Celia ist eine ganz Kluge und ganz Liebe. Laika darf wieder leben, so einfach und logisch ist das in der Welt von Celia.

Unsere Hände krabbeln noch immer auf dem Fell von Baby, nein, Laika herum, auch die vom Prof. Ich glaube, er denkt dasselbe wie wir. Wie gut ist es, wenn so was Kleines, Wolliges, Heimatloses atmet und lebt.

»In so ein Raumschiff stecken wir dich nicht, Laika, und auch nicht ins Tierheim. Versprochen!« Und wer das flüstert, ist tatsächlich Lisa.

Und dann ist endlich das doofe Sandmännchen gekommen und der Prof verschwunden mit einem: »Schlaft gut, ihr Philosophen, ihr Gedankenriesen. Und macht mir keinen Ärger.«

Wir sind eingeschlafen, Hände auf Laika, Hände auch auf uns.

Wir Philosophen und der dumme alte Grieche

Am Morgen krabbeln wir ziemlich verschlafen aus unserem Zelt, aber unter der Dusche werden wir sofort blitzwach. Das Wasser ist nämlich kalt! Aber beim bibbernden Abtrocknen hat Lisa eine gute Idee. Wie wär's, wenn wir beim Frühstück altes Griechenland spielen! Wir sind die klugen Philosophen, und der Prof ist ein alter, dummer Grieche, der hat von nix eine Ahnung. Und dem erzählen wir mal, was Sache ist.

Toll, das machen wir! Die feuchten Handtücher hängen wir uns um, dann sieht das aus wie eine Toga, ein bisschen jedenfalls. Ich darf Thales sein, Lucas Heraklit, Anaximenes ist Tim und Lisa natürlich Empedokles, der Allesbegreifer.

Celia soll auch mitspielen dürfen, wir haben aber keinen Philosophen mehr für sie übrig. Aber das Problem löst Celia prima selber.

»Bin Peterchen, bin auf'm Mond mit Laika, tschüss, tschüss.« Und schon hopst sie davon, Baby mit dem schönen neuen Namen hinterher.

Lisa atmet auf und ziemlich würdevoll versammeln wir uns auf unserem Frühstücks-Rasenplatz. Die Sonne scheint, Vögel zwitschern, Bächlein plätschert, Wind lässt die Blätter rascheln, aber einen Prof sehen wir nicht. Pennt der etwa noch?

Nee, der pennt nicht, der rennt! Ganz dahinten als grauer Strich. »Der joggt ja wie mein Papa!«, sagt Tim andächtig. Da ist der Prof auch schon herangejoggt, schwitzend und fröhlich, und wischt sich Schweiß von der Stirn.

»Schon geduscht und angezogen? Sehr lobenswert! Und auch unser Frühstück gedeckt? Noch lobenswerter!«

Nee, Prof, haben wir nicht. Frühstück, meine ich! Das wird deine Aufgabe sein, jawohl! Weil, wir sind doch jetzt Philosophen und Philosophen arbeiten nicht, die denken!

»Oha!«, grinst der Prof und putzt seine Brille. »Darf ich daraus schlussfolgern, dass Denkarbeit Händearbeit ausschließt? Ergo, soll das heißen, dass ich euch das Frühstück kredenze? Könnte ich denn jetzt bitte auch ein Philosoph sein?«

Nee, Prof, kannste nicht. Du bist nämlich ein dummer alter Grieche, du denkst nicht, haste kapiert?

»Interessant«, brummelt der Prof und verteilt brav auf unserer Decke das Frühstückspicknick. Viel ist nicht mehr da.

»Mir will nur nicht einleuchten, warum man beim Tellerschleppen nicht auch nachdenken kann.«

Du als dummer alter Grieche kannst es nicht, Prof! Wir aber schon! Wir denken nämlich, wenn der Teller runterfällt, geht er kaputt. Das ist ein Naturgesetz. Aber, dummer Grieche, das sind so die kleinen Gedanken. Wir haben allesamt viel größere Gedanken gehabt, musst du wissen, die kommen ... ja, woher kommen die denn eigentlich?

»Aus der zielgerichteten mentalen Konzentration!«, schlägt der Prof vor und hat vergessen, dass er ja ein dummer Grieche ist.

»Ida, was hältst du davon?«

Viel, Prof, viel, klingt schön. Wenn ich nur wüsste, was mental ist.

Ich schaue zur Lisa, die klopft sich heftig an die Stirn. Danke Lisa, Stirneklopfen ist wie Vorsagen, alles klar.

»Aber aus den sogenannten kleinen Gedanken könnten doch auch große werden, meint ihr nicht?« Der Prof gießt sich kalten Kaffee ein. »Teller fällt runter, zack, Scherben, schade. Die bleiben auch Scherben, setzen sich nicht wieder zusammen. Flixnocheins, warum ist der Teller denn eigentlich runtergefallen und nicht hoch? Da muss doch eine Kraft am Werke sein, die den Teller runterzieht und nicht hochfliegen lässt. Schon ist der Gedanke groß geworden. Und die nächste Frage vorprogrammiert.«

Mensch, Prof, das wissen wir doch alles schon! Aber du hast immer noch nicht kapiert, dass du alt und dumm bist! Wir sind doch die großen Philosophen und beantworten alle deine Fragen, kapiert?

»Ach so!«, nickt der Prof, hockt sich hin und greift nach einem ziemlich schrumpeligen Käsebrötchen und mampft mit vollem Mund: »Dann berichte mir doch bitte, Thales von Milet, von deinem Wissen!«

Ich bin gefragt. Also, alter Grieche, das geht schnell, hör zu. Wasser fließt, haste ja schon selber gemerkt. Am Bach und am Meer und so. Vom Himmel kommt's auch manchmal runter, als Regen. Wasser ist das Allerwichtigste, weil, ohne Wasser kann nix leben. Ohne Wasser verdurstet alles, Wasser kann sich auch verändern, kann frieren, dann wird's Eis, kann verdampfen, dann wird's Wolke. Ergo, Grieche, Wasser verändert sich, bleibt aber immer Wasser, kapiert? Wasser ist ein Naturgesetz. Merk es dir!

»Jawohl!«, haucht der Prof und wird endlich zum dummen Griechen. »Ich bin beeindruckt. Leuchtet mir alles ein. Hat mir der große Heraklit auch so was Spannendes zu erzählen?«

»Na logo!«, lispelt Lucas, springt herum, seine Toga ist schon längst verrutscht. »Bei mir fließt auch was, das Feuer nämlich. Da staunste, was? Schau's dir mal an, dann siehste's schon selber, wie es sich immerzu bewegt, wie was Lebendiges. Und dazu braucht's was zum Fressen, das Wasser braucht das nicht. Das haste sicher nicht gewusst. Und ich sag dir noch was, Feuer hat ein großes Maul, das frisst alles, was brennen kann, und zwar in null Komma nix. Fällt dir auf'm Weihnachtsbaum bloß so 'ne kleine Kerze um, zack, Weihnachten vorbei, tatütata, die Feuerwehr! Ein tolles Naturgesetz, das Feuer. Gibt's überall auf der Welt.«

Der alte dumme Grieche kratzt sich am Bart und brummelt was von »Weihnachtsbaum, Feuerwehr, tatütata... muss ich das kennen?«

Nee, musste nicht, kannste gar nicht. Weil, dann müsstest du ja zweitausendsechshundert Jahre alt werden, das schaffst du nie!

Der alte Grieche nickt betrübt und schlürft seinen kalten Kaffee. »Darf ich Unwissender erfahren, ob es noch mehr von diesen Naturgesetzen gibt? Anaximenes, großer Meister, hast du noch eines zu liefern?«

»Hab ich!« Tim kaut mit vollen Backen am letzten Brötchen. »Luft!« Und prompt verschluckt er sich und krächzt: »Luft!!!«

Sofort ist der dumme alte Grieche auf den Beinen und klopft ihm kräftig auf den Rücken und zum Dank hustet ihm Anaximenes Brötchenbrocken auf die Hose.

»Ihr Ableben, werter Meister, hätte mich doch sehr bekümmert«, sagt der dumme alte Grieche und schnipst die Bröckchen in die Abfalltüte. »Warte ich doch dringlich auf Belehrung! Tim, geht's wieder?«

Der schnauft und nickt: »Luft ist das Allerwichtigste, das hast du grad selber gesehen. Ohne Luft wär ich jetzt nämlich erstickt, ich bin ein sehr gutes Beispiel. Ohne Luft geht nämlich gar nix. Drum darf sie auch ein Naturgesetz sein, weil, es gibt sie immer und überall. Mal dünner hoch oben auf dem Berg, aber da geh ich sowieso nicht rauf. Mal dicker hier bei uns unten. Sehen kann man die Luft leider nicht, sie ist aber trotzdem da. Kannst dich drauf verlassen. Sie ist eben das Allerwichtigste, hab ich ja schon gesagt.«

»Da bin ich aber anderer Meinung, Anaximenes.« Lisa tritt vor, richtig würdevoll, nur die Handtuch-Toga rutscht.

Der alte, dumme Grieche verneigt sich und flüstert:

»Empedokles! Wie schön, dass ich dich treffen darf! Was hast du mir zu sagen?«

»Sehr viel, ich sag's dir gleich!« Lisa zeigt ziemlich verächtlich auf uns. »Alle die da kannst du vergessen! Weil, kein Naturgesetz ist das allerwichtigste, alle sind gleich wichtig! Wasser, Feuer, Luft und Erde! Das haben die nämlich vergessen. Die haben bloß ein bisschen dahin und dorthin geschaut und gestaunt. Ich aber, ich habe den Überblick! Alles, von dem die erzählt haben, sind Urelemente. Die Erde ist keines, aber auf ihr finden die Naturgesetze statt. Denke ich jedenfalls. Und da oben im Kosmos gibt's auch was davon, aber davon weiß ich nicht so viel. Ist egal. Dummer Grieche, du musst wissen, ein Naturgesetz darf nur ein Naturgesetz sein, wenn es sich immer wiederholt. Es wiederholt sich, kann sich verändern, aber es

bleibt sich immer gleich. Verstehst du das? Na schön, ich bin zufrieden. Es gibt natürlich noch mehr Naturgesetze. Dir ist doch sicher schon mal aufgefallen, dass aus einem Gänseblümchen kein Baum werden kann und umgekehrt und dass eine Maus kein Tigerbaby kriegen kann. Alles ein Naturgesetz, haste kapiert? Hast du aber auch verstanden, wie froh wir Griechen und alle die anderen nach uns sein müssen, weil es die Naturgesetze überhaupt gibt? Ohne die, ich sag es dir, aus die Maus!« Sie lächelt stolz in die Runde und kriegt von uns anderen Philosophen ein Daumen hoch. Das hat sie sich verdient, wirklich!

Der alte, dumme Grieche wirft die Arme hoch und ruft begeistert: »Oh, ihr Götter! Ich danke euch!«

»Kannst die Arme wieder runternehmen!«, sagt Lisa streng. »Die Götter waren es nicht, die uns die Naturgesetze geschickt haben.

Das kannste mir glauben. Die Naturgesetze haben sich nämlich von selber gemacht. Weil die das können!«

»Ach!« Der dumme Grieche staunt mit großen Augen hinter seiner Brille. »Soll das heißen, meine Götter da oben im Olymp, die strafen und loben, die Blitz und Donner schicken, Dürre und Regenfluten, Jagdglück und Jagdpech, Hungersnot und Überfluss, die gibt es etwa gar nicht?«

»So ist es, Grieche!« Lisa nickt und streichelt dem armen Griechen ganz kurz über die Glatze, er sieht so traurig aus.

»Der Götterglaube, das ist ein Mythos. Das ist so was wie Märchen, die wir uns selbst erfinden, verstehst du? Wir Philosophen haben beobachtet und dadurch Wissen gewonnen, wir wollten einfach nicht bloß glauben, wir wollten selber denken. Das ist der Logos, den haben wir jetzt. Ist doch schön, oder?«

Der arme alte Grieche nickt und seufzt: »Doch, aber der Mythos hat mir besser gefallen. Jetzt muss ich selber denken, große Philosophen, ich bin doch so dumm!«

Ach was, biste nicht, Prof, nee, alter Grieche, meine ich. Selber denken ist spannend, du musst es halt bloß mal probieren, und wenn du falsch denkst ... Sofort unterbricht mich Lisa:

»Dann hast du doch immer noch uns, die klugen Philosophen, wir lassen dich schon nicht im Stich!«

Und jetzt zischelt Lucas los: »Weißte was? Jetzt musst du nie mehr Angst haben vor so 'nem Zornegott und bitten und betteln, dass er dir ja keinen Blitz schickt, der dein armes Hüttchen abbrennt. Jetzt baust du dir einfach 'nen Blitzableiter und streckst dem Blitz die Zunge raus. Ist doch ein Vorteil, oder?«

»Durchaus, jawohl, sehr sogar, ich bin euch klugen Köpfen zu gro-
ßem Dank verpflichtet.« Der alte, dumme Grieche verbeugt sich tief
vor uns. »Dann könntet ihr mir bitte doch auch jetzt gleich so einen
Blitzableiter bauen?«

Wir schauen uns an. Da hat er uns jetzt aber eine gute Frage
gestellt, der alte Grieche. Erst reden wir ihm die Götter aus und die
Angst, und dann ... können wir ihm keinen Blitzableiter bauen.
Mensch, Grieche, wir können es doch noch nicht können! Weil, wir
können noch keine Experimente machen, wir sind doch nur die Denker, die die Naturgesetze begriffen haben, weißt du? Aber nach uns
kommen wieder andere Denker und Wisser, das wissen wir. Das sind
dann die Wissenschaftler, logisch, oder? Die müssen nicht mehr so
furchtbar viel denken, weil wir das Allerwichtigste ja schon vorgedacht haben. Die benutzen unser Denken und machen Experimente,
weil sie schon Geräte dafür erfunden haben, und irgendwann kann
ein neuer Denker und Wisser dir einen Blitzableiter bauen. Musst
nur Geduld haben, zweitausend Jahre und wahrscheinlich noch
mehr ... aber irgendwann klappt's!

»Und derweil brennt mein Hüttchen ab«, seufzt der Grieche und
greift nach dem letzten schrumpeligen Rosinenbrötchen. Jetzt hat
er unser ganzes Frühstück aufgegessen.

»Aber Zeus war's nicht, der dir zur Strafe den Blitz auf dein Hüttchen geschleudert hat«, brummelt Tim und schaut dem Rosinenbrötchen sehnsüchtig hinterher. Ich glaub, er wär jetzt lieber kein
Philosoph mehr, sondern ein Frühstücker.

»Mein Papa würde jetzt sagen, da haste einfach Pech gehabt. Ich
würde sagen, es war ein Naturgesetz, dem kann man nicht entkom-

men. Na ja, meistens ist es gut für uns, manchmal ziemlich mies. Dann sind wir sauer. Wenn es aber gut für uns war, dann kriegen wir das gar nicht mit. Weil, die Naturgesetze verwöhnen uns und kriegen dafür nie hundert Punkte. Von uns, meine ich. Und jetzt hab ich Hunger!«

Der dumme alte Grieche lacht und klapst Tim auf seine Mütze, und ich merke gleich, jetzt ist er wieder zum Prof geworden.

»Tim, mein Guter, du hast es auf den Punkt gebracht. Applaus für die Naturgesetze und nicht mehr für die Götter, und dann wird endlich ordentlich gefrühstückt, inmitten der Naturgesetze, die uns heute freundlich gesonnen sind!«

Schöne Idee, Prof! Und schon springen wir los, dass unsere Badetücher wehen. Applaudieren der Luft um uns herum, hin zum Plätscher-Bächlein und auch zur Dusche, da kommt ja auch Wasser raus. Zum Lagerfeuer, was keines mehr ist und das wir jetzt ja auch nicht mehr brauchen, zur Erde runter, wo unsere Frühstücksdecke ganz ohne Frühstück liegt … Prof, die ist leergemampft von dir!

»Oha!« Der Prof runzelt die Stirn. »Da war der dumme alte Grieche wohl allzu gierig! Ergo bin ich jetzt ein schuldbewusster Prof und lade euch ein zu einem ausführlichen Frühstück in einem Café, ehe es wieder nach Hause geht. Gut so?«

Sehr gut so, Prof! Dann dauert die Heimreise doch noch ein bisschen länger. »Da will ich euch auch noch was erzählen, was mir am Herzen liegt, meine Philosophen.«

Noch besser, Prof! Dann dauert nämlich die Heimreise noch sehr viel länger!

»Aufräumen, zusammenpacken, und dann ab die Post! Und bitte

alle an Bord, ich zähle nach!« Und schon fängt er an, an seinem Zelt zu zerren. Das verbieten wir ihm. Zelt abbauen, Rucksäcke packen, Schlafsäcke einrollen und Celia und Laika einfangen geht schneller ohne ihn. Nur das Gummimonster von Celia darf er aufs Auto schnallen. Weil Lucas ihm dabei hilft.

Wir fahren los, dem Frühstück entgegen, das er uns versprochen hat. Und winken unserem Philosophen-Campingplatz hinterher. Auch dann noch, als man ihn gar nicht mehr sehen kann.

Philosophen-Frühstück im Café

Unser Frühstückscafé kommt aber lange nicht. Erst Landstraße, dann Autobahn, dann wieder Landstraße und dann ...

»Stopp!«, schreien wir alle. Da vorne ist ein Bäckerladen mit Gärtchen davor und mit einem Schild: »Willkommen!«

Der Prof tritt auf die Bremse, die Bremse quietscht, er stoppt. Ganz klar, wenn ein Schild »Willkommen« sagt, dann sind wir hier richtig!

Sind wir aber gar nicht! Die Bäckersfrau in rosa Schürze lacht uns zwar entgegen, es riecht warm und süß, sie zeigt auf Tisch und Stühle, aber nein, Laika ist nicht willkommen, Hunde dürfen hier nicht rein. Sie zuckt die Schultern.

»Da seht ihr's mal, Freunde«, seufzt der Prof. »Hier haben wir es auch mit einem Gesetz zu tun, aber mit einem von Menschen gemachten Gesetz. Das bedeutet zwar notwendige Ordnung, aber auch Einschränkung und Zwang. Jetzt trifft's die arme Laika.«

Sofort marschieren wir geschlossen wieder raus, auch der Prof. Tim schielt noch sehnsüchtig nach der Kuchentheke, aber ganz klar, wir hier drinnen und Laika draußen, nee, das geht nicht!

»Ein Kompromiss ist fällig!«, sagt der Prof und klopft auf Tims Mütze. »Nun, Freund, wie erklärst du dir diesen Begriff?«

»Gar nicht«, brummelt Tim sauer. »Ich glaub, so was gibt's bei meinem Papa nicht.«

Stimmt doch gar nicht, Tim! Du hast uns doch erst letzte Woche erzählt, dass dein Papa mit dir ins Museum gehen wollte. Du wolltest aber lieber zur Pommesbude. Am Ende seid ihr zu Hause geblieben, und deine Mama hat leckere Bratkartoffeln gemacht, und dein Papa hat mit dir Bilder von uralten Malern im Buch angeschaut. Die hätte er lieber im Museum gesehen. Er hat also einen Kompromiss gemacht und du Bratkartoffeln statt Pommes gekriegt. Die haben dir geschmeckt, na siehste, das war ein Kompromiss! Stimmt's?

Tim nickt und schnauft leise: »Ich freu mich so auf meinen Papa. Aber jetzt hab ich Hunger.«

»Verstehe ich, Tim«, sagt der Prof und krault Laika. »Und wie sieht jetzt der Kompromiss aus, zur Zufriedenheit der Bäckersfrau, die Kunden haben will, und für unseren Hunger?«

Er sieht ihn schon, den Kompromiss! Weil, Lucas ist längst dabei, Stühle ins Gärtchen zu schleppen.

»Ist doch logisch!«, ruft er. »Wir hocken uns draußen hin zu Laika und die rosa Schürze bringt uns alles raus. Muss sie halt schleppen. Das ist viel! Macht nix, sie ärgert sich nicht, weil, dann verdient sie auch mächtig was. Ist doch ein toller Kompromiss, ich kriege hundert Punkte! Kann mir mal jemand beim Tisch helfen?«

»Zweihundert Punkte!«, ruft der Prof, und schon sind wir wieder drinnen, und die Bäckersfrau reißt die Augen auf. Da schleppt ein Mann mit Kindern einen Tisch raus aus ihrem Laden. Der Prof nickt ihr zu. »Ist es erlaubt? Die Sonne scheint draußen wirklich herrlich!«

Sie zuckt zufrieden die Schultern. Aber ich bin nicht zufrieden, neee, Prof. Wir wollen doch nicht draußen sitzen, weil die Sonne scheint.

Ich sage laut und deutlich: »Eigentlich wollen wir nämlich draußen sitzen, weil wir unsere Laika nicht alleine lassen. Das hat unser Prof bloß vergessen zu sagen, drum sag ich's jetzt für ihn.«

Auweia, vielleicht war das jetzt aber doch ein bisschen arg vorlaut. Ist mein Prof jetzt sauer? Nein, ist er nicht! Er nickt mir zu, und die Bäckersfrau nickt auch, richtig freundlich. Zwei nickende Erwachsene ... dann ist ja alles gut! Die Bäckersfrau rennt sofort los und holt einen Wassernapf für Laika und sogar einen Teller mit Milch und Brotbröckchen drin. Laika schlabbert begeistert.

Für uns schleppt sie ein Mordsfrühstück heran. Müsli, Rosinenbrötchen, Käsekuchen, Honigtoast, Obst und heißen Kakao und Kaffee, viel Kaffee für den Prof. Sogar Vanille-Eis hat sie gebracht! Das gehört aber bestimmt nicht zu einem Frühstück. Ich glaub, sie hat ein schlechtes Gewissen wegen dem Hundeverbots-Gesetz, wofür sie aber doch gar nichts kann!

Wir mampfen los mit vollen Backen.

»Der Kompromiss hat sich gelohnt!«, grinst der Prof und schlürft zufrieden seinen heißen Kaffee. »Die Naturgesetze allerdings kennen keinen Kompromiss. Der Erde ist die Luft wurscht, dem Wasser das Feuer, sie leben ganz allein aus sich selber heraus. Das wisst ihr schon, stimmt's?«

Klar wissen wir das! Dem Baum ist das Gänseblümchen im Gras egal und ...

Der Prof unterbricht mich und fuchtelt mit den Armen, beinahe hätte er seine Kaffeetasse runtergefuchtelt. Ich merke schon, gleich gehen ihm wieder die Gäule durch.

»Flora und Fauna, die ja auch ihre Gesetze haben, beachten sie immer. Immer! Natürlich nicht wissend, dass es Gesetze sind, die sie so handeln lässt.«

Und jetzt unterbricht ihn Tim, den Mund voller Käsekuchen: »Kann aber doch sein, die Fauna und die Flora, die fühlen das, weil, es tut ihnen doch gut. Wenn einem was guttut, dann weiß man es manchmal nicht, warum, aber man fühlt so was irgendwie.«

Mensch, Tim! Wir klopfen alle auf den Tisch, wie damals die Studenten in der Uni. Sogar Celia klopft, nur leider in ihre volle Müsli-Schale ...

»Ein schöner Gedanke, sehr nachdenkenswert, Tim«, lobt der Prof und streckt zwei Daumen hoch. »Jetzt denkst du wie ein Philosoph, der beobachtet und überlegt. Aber aufgrund deiner Überlegung werden sich Wissenschaftler darüber hermachen müssen mit Experimenten und allem Drum und Dran, um zu erforschen, fühlt die Flora was Deutliches? Schreit die Karotte, wenn man sie aus dem Beet zieht? Lacht das Gänseblümchen, wenn du es streichelst und bewunderst? Noch wissen wir es nicht, aber, kluger Tim, man denkt darüber nach, wissenschaftlich, meine ich. Mit der höher entwickelten Fauna sind wir schon weiter, nicht wahr? Unsere Laika zum Beispiel ...«

Jetzt unterbricht Celia, ja so was. Sie schwenkt ihren Müslilöffel, Müsli landet auf der Hose vom Prof. »Laika war traurig, war alleine, hat geweint. Hab Laika gefunden, hab ihr Kuss gegeben. Laika hat gelacht!«

»Und damit hat unsere Celia hervorragend erklärt, dass wir ziemlich genau wissen, viele Arten der Fauna, alle Säugetiere zum Beispiel, fühlen deutlich. Kummer und Freude, Schmerz, Hunger, Wohlbefinden. Drum leben wir ja auch so gerne mit ihnen zusammen, nicht wahr? Weil sie uns ähnlich sind.« Der Prof wuschelt Laika durchs Fell und putzt heimlich an seiner Hose.

»Wie es da mit den Gefühlen beim Regenwurm aussieht, wissen wir nicht. Wir wissen nur, der Regenwurm lässt den Käfer in Ruhe, weil der nicht zu seiner Nahrungsquelle gehört. Warum stiehlt der Fuchs das Huhn? Er will es nicht bestrafen, nur fressen, denn das ist seine Nahrung. Die Natur hat einen Kreislauf, Freunde.

Da ist eine Wiese voll mit Gänseblümchen. Im nächsten Jahr ist diese Wiese zwar wieder voll, aber mit rotem Klee. Ja, wo sind sie denn hin, die Gänseblümchen? Sie sind verschwunden, haben Platz gemacht für andere Pflanzen. Sie tauchen vielleicht wieder auf im übernächsten Jahr, wenn wir die Wiese in Ruhe lassen und nicht an ihr rumfummeln. Das ist der wunderbare Wandel der Natur. Sie wandelt sich, bleibt aber immer Natur, bleibt sich gleich. Und wird nicht plötzlich zum Biomatsch mit kleinen grünen Männchen drin.«

Wir kichern, aber am lautesten kichert die Bäckersfrau! So was! Die hat ja zugehört, bestimmt schon die ganze Zeit, das haben wir gar nicht gemerkt. Jetzt klatscht sie auch noch Applaus, und der Prof steht auf und verbeugt sich, und sie schüttelt seine Hand: »Ihr Vortrag war fantastisch, kann ich den auch im Radio hören?« Der Prof grinst ein bisschen verblüfft und schüttelt den Kopf. »Herzlichen Dank fürs Kompliment, freut mich, dass es Ihnen gefallen hat. Aber ich lade Sie gerne ein, weiter zuzuhören, bitte sehr.«

Sofort holt sich die Bäckersfrau einen Stuhl und quetscht sich zwischen uns. So was!

Was sagt er denn da! Er ist doch alleine unser Prof, hat er das vergessen? Aber ich merke schon, er freut sich über eine neue Zuhörerin, er erzählt so gerne, besonders uns und seinen Studenten an der Uni sowieso. Na gut, darf sie halt bleiben. Aber sagen und was fragen darf sie nicht, das dürfen nur wir, das ist wohl klar! Der Prof greift nach einem Rosinenbrötchen und sofort gießt ihm die Bäckersfrau einen Kaffee ein. Hätte ich ja auch machen können.

»Naturbegegnung, Freunde, ist eine Wechselwirkung«, sagt der Prof und kaut. »Sie spiegelt uns. Kann ich den wichtigsten Satz so stehen lassen als Abschluss unserer Naturbetrachtung?«

Die Bäckersfrau nickt eifrig, wir aber nicht.

»Prof, es bedarf einer Erklärung«, sagt Lisa, natürlich Lisa. So erwachsen reden kann bloß sie. »Ich versuche sie zu liefern. Also, ich würde sagen, na ja, was würde ich sagen …« Sie zieht Celia auf ihren Schoß, die matscht immer noch im Müsli herum. »Ich würde sagen, wenn ich Celia und Laika beobachte, was ich ja jetzt leider tun muss, dann sehe ich, wie Laika lustig rumflitzt im Matsch, und sofort flitzt Celia genau so lustig mit. Dann merke ich, es geht beiden gut. Der eine ist dann wie ein Spiegel für den anderen.« Lisa seufzt, aber nur leise. »Den Dreck darf ich ihnen abwaschen.«

Arme Lisa, gute Lisa! Jetzt kriegst du aber jede Menge Punkte, von mir jedenfalls. Erstens, weil's stimmt, Laika ist ja Natur, Fauna, und zweitens, weil du die beste Schwester auf der Welt bist. So!

Sofort klatscht die Bäckersfrau Applaus, und unser Prof, der klatscht mit. Ist er jetzt nur noch auf ihrer Erwachsenenseite oder was? Zwischen uns heißt das doch Daumen hoch oder Korrektur! »Daumen hoch und keine Korrektur!«, sagt der Prof und lächelt Lisa zu. »Ein Beispiel ganz aus deiner augenblicklichen Wahrnehmung

hast du gefunden, Lisa. Wir spiegeln uns, wir wechselwirken im Zusammensein mit der Natur. Nicht nur mit der Fauna, auch mit der Flora.«

Lucas springt auf. Na klar, er hat ja schon viel zu lange still gesessen für seine Zappelbeine. Er springt zu einem Rosenstrauch im Blumengärtchen und steckt seine Nase rein.

»Die Blume riecht lecker, selber weiß sie das wahrscheinlich gar nicht. Sie hat mir aber ihren Duft geschenkt und ... Aua!« Er reibt sich die Nase. »Jetzt hat sie mich auch noch gestochen!«

Die Bäckersfrau guckt erschrocken, aber Lucas grinst, dass seine Zahnspange glitzert.

»Prof, du musst zugeben, so 'n tolles Beispiel für 'ne Wechselwirkung kriegste nicht alle Tage!«

»Weniger drastisch wär's auch gegangen, Lucas«, murmelt der Prof, und sofort zieht Lisa ihr Heft aus dem Rucksack und kritzelt. Natürlich, ein neues Wort, nachschauen im Lexikon! Ob sie dazu noch Zeit hat, wenn sie nun auch noch auf Laika aufpassen muss?

Der Prof hat nichts gemerkt, er wühlt nämlich auch in seinem Rucksack und zieht eine Pfeife raus. Was denn, raucht er etwa so Stinkiges in die Luft? Davon wissen wir ja noch gar nichts!

»Alte Gewohnheit, Ida, reg dich nicht auf, hier stinkt nichts.«

Der Prof lehnt sich gemütlich zurück und zieht an der Pfeife. Tatsächlich, da kommt kein Rauch raus. Er hat sie nämlich gar nicht angezündet, da ist bestimmt auch gar kein Tabak drin. Na gut, darf er weiternuckeln.

»Habt ihr noch Geduld mit mir, meine Lieben, oder habt ihr schon Heimweh? Darf ich euch noch was erzählen, was mir wichtig ist?«

Na klar darf er das, und wie! Heimweh haben wir doch alle nicht! Nur Tim, der brummelt: »Ich freu mich so auf meinen Papa.«

Sofort schiebt ihm die Bäckersfrau das letzte Käsekuchenstück hin und klopft ihm richtig tröstend auf die Backe. Gesagt hat sie nichts, aber sie ruckelt sich erwartungsvoll auf ihrem Stuhl zurecht.

»Kehren wir zurück zur Philosophie, unserem Camping-Thema«, sagt der Prof und zieht an seiner kalten Pfeife. »Philosophieren heißt doch, was kann ich mit meiner Vernunft von der Welt verstehen. Philosophie ist also sozusagen der Erste-Hilfe-Koffer der Vernunft.«

»Kenne ich!« Lucas streckt sein Bein kerzengrade aus. »In dem in deinem Auto war alles drin, damit mein Knie nicht verblutet ist. Das ist wichtig!«

»Ohne Zweifel, Lucas«, sagt der Prof. »Ich bin froh, dass es deinem Bein wieder gut geht. Nur würdest du bitte nicht damit meinen Kaffee vom Tisch schubsen? Danke! Es ist nur so, dass der Verstand nicht im Knie sitzt, sondern im Hirn. Dieser Erste-Hilfe-Koffer, den ich meine, liegt nicht im Auto, ist wohl klar. In diesem Koffer steckt alles drin, was ich als Möglichkeiten habe, mit meinem Verstand etwas über die Welt herauszufinden. Möglicherweise im Gespräch mit anderen, was der eine nicht weiß, weiß vielleicht der andere. Möglichweise aber auch im Alleingang. Lisa, nicht notieren, ich erkläre das Wort.«

»Danke, ist nicht nötig, Prof.« Lisa lächelt richtig ein bisschen hochmütig. »Das Wort erklärt sich von selbst. Ich gehe allein, ich denke allein. Ist doch logisch.«

Der Prof schwenkt die Pfeife. »Kluge Lisa, gutes Kind. Also weiter im Text. Herausfinden wollen, wie denn die Welt funktioniert? Wie und warum ist das alles zustande gekommen? Wo ist die Welt überhaupt hergekommen! Wie kann ich da weiterdenken, wohin soll ich überhaupt denken? Warum gibt es mich überhaupt und wozu? Das sind die berühmten Warum-Fragen, die sind wichtig, die sind nützlich. Sie können uns aber auch in ein Nirgendwohin führen, wir plappern nur immerzu ein Warum vor uns hin. Das führt zu nichts! Wir müssen lernen, die Vernunft in gewisse Bahnen zu lenken, also sinnvoll zu denken und damit auch sinnvoll zu fragen.«

Lisa steht auf und drückt mir die müsliverschmierte Celia auf den Schoß. Die rutscht aber sofort runter zu Laika unter den Tisch.

»Also«, legt Lisa los, »es wäre ziemlich doof von mir, wenn ich denken würde, da oben die Wolken, die sollen weg, ich will 'nen blauen Himmel sehen. Das wär doch ein sinnloses Denken, weil, Wolken gibt es immer wieder. Sinnvoll denken wäre doch wohl, wenn ich überlegen würde, wie kommt das überhaupt, dass da oben Wolken hängen! Das wäre eine sinnvolle Frage. Na ja, wenn ich ein alter Grieche wäre und von den Naturgesetzen noch nichts weiß.«

»Und so schließt sich eine sinnvolle Frage an die andere, hinweg über Jahrtausende, bis hin zu uns«, sagt der Prof. »Nach der Frage kommt das Wissen, und aus dem Wissen heraus kommen wieder neue Fragen, immer wieder. Neue Erkenntnisse, neue Fragen. Vergesst das nicht!« Er schaut uns der Reihe nach an, die Bäckersfrau aber nicht, ich hab's gesehen. »Kinder fragen ja sowieso und oft, das ist gut so. Nur wenn sie erwachsen werden, verstummen allmählich ihre Fragen. Glauben sie, schon alles zu wissen, was sie brauchen? Genügt ihnen das? Oder haben sie einfach ihre Neugierde verloren?«

Er schaut uns wieder an, diesmal auch die Bäckersfrau. Die wird auf ihrem Stuhl irgendwie ein bisschen kleiner, aber sitzen bleibt sie doch.

»Die Philosophie, meine Freunde, fragt und fragt, respektiert aber immer die Naturgesetze, die nicht änderbar sind. Merkt ihr was? Philosophie hat viel mit Gesetzen zu tun, die sind unbedingt zu beachten. Denkt bitte so und nicht anders, das ist mir wichtig! Und jetzt sage ich euch noch was. Wenn etwas logisch ist, ist es für uns wertvoller, als wenn es unlogisch ist, oder?«

Na klar, Prof, ist doch logisch.

»Aber!«, und jetzt springt er auf und leider auf Laikas Schwänzchen, die jault auf, und zur Gesellschaft jault Celia mit, und Kraulehände und Tröstehände von uns müssen sie zur Ruhe bringen, unterm Tisch. Sein wichtiges »Aber!« ist unterbrochen. Es stört ihn nicht, das Getümmel zu seinen Füßen, er merkt es nicht einmal.

»Aber!«, ruft er und schwenkt seine kalte Pfeife. »Unlogisches kann, wenn man was gelernt hat, durchaus auch logisch werden. Philosophie hat also auch etwas mit Lernen zu tun. Sie ist der Versuch, sich selbst etwas beizubringen, indem man zum Beispiel die Natur genau beobachtet und sich fragt, was steckt denn da dahinter? Das fragten sich, wie ihr wisst, die alten Philosophen, die Griechen. Und aus diesen Fragen entstand die Wissenschaft, wisst ihr auch schon. Erst sehr viel später waren ja Experimente möglich, ja, ja, ich weiß, ich wiederhole mich, aber ich wiederhole mich gerne! Wissenschaft durch Experiment, also, Versuch und Irrtum. Neu versuchen, neue Erkenntnisse, neues Scheitern.«

Mensch, Prof, das klingt aber nicht sehr tröstlich. Und wenn du weiter so mit deiner Pfeife fuchtelst, fuchtelst du bestimmt gleich deine Kaffeetasse vom Tisch. Er fuchtelt weiter.

»Ich glaube, Freunde, der wichtige Kick ist, dass ich euch klar machen will, Kenntnis besteht darin, dass man immer genau weiß, was nicht funktioniert! Klingt erst mal unlogisch für euch, stimmt's?«

Stimmt, Prof, aber du wirst es uns ja gleich erklären. Lisa hat schon wieder ihren Mitschreibestift in der Hand, und Lucas zappelt schon eine ganze Weile nicht mehr herum, und Tim kaut bloß ganz leise am allerletzten Rosinenbrötchen. Die Bäckersfrau starrt dich sowieso die ganze Zeit an, das Backen in ihrer Bäckerei hat sie ganz vergessen.

Dass ich dir immerzu zuhöre, haste ja schon gemerkt. Aber gemerkt hast du bestimmt nicht, dass ich beim Zuhören immer wieder dran denken muss, bald geht's heim, viel zu bald.

Unser Prof, mein Prof, marschiert um unseren Tisch herum:

»Ihr müsst wissen, dass ein gescheitertes Experiment ganz großartig sein kann. Da kann man nämlich eine ganze Menge draus lernen, wenn man nämlich was ausprobiert hat und es funktioniert eben nicht. Ja, was machst du da? Schmeißt alles in eine Ecke und heulst? Neee, machst du nicht! Du hockst dich wieder hin und probierst es erneut, nur diesmal mit anderen Gedankengängen. So geht es allen Wissenschaftlern, so geht es auch mir.«

»Mir auch!«, zischelt Lucas und springt neben dem Prof her, die Zappelbeine sind wieder aufgewacht. »Wenn ich mal was basteln will, was Kompliziertes, so 'n kleines Radiodingsbums oder so was, dann geht's erst nicht. Dann probier ich's ein bisschen anders, dann geht's besser, aber immer noch nicht super. Dann fummel ich wieder anders dran rum, dann funktioniert es ganz okay, aber ganz toll ist's immer noch nicht!«

»Weiterfummeln, Lucas, weiterfummeln!« Der Prof boxt ihn sanft auf die Schulter. »Willkommen im Club der Wissenschaftsfummler. Nur so macht es Sinn, über Wissenschaft zu reden, weil die immer weiterfummelt. Weil wir Wissenschaftler oft der Meinung sind, jetzt hätten wir endlich die Wahrheit erreicht. Haben wir aber nicht! Weißt du, das ist so wie bei einem Hunderennen, wo die Wurst dem Hund vor der Schnauze baumelt, aber er kriegt sie nie! Die Wurst, das ist die Wahrheit, die Hunde sind wir!«

»Laika will Wurst, ich auch!«, kreischt da Celia und zupft an der Schürze der Bäckersfrau. Celia hat schnell kapiert, wo die guten Sachen herkommen! Aber ehe Lisa protestieren kann, sind Bäckersfrau und Celia und auch Laika verschwunden im Laden. Ach, plötzlich darf ein Hund da rein?

Lisa seufzt, aber es ist ein zufriedener Seufzer. Die Kleinen nerven nicht, die sind versorgt.

»Prof, aber was ist denn, wenn Lucas sein Radiodingsbums richtig fertig zusammenhat«, fragt Lisa, »dann hat er doch die Wahrheit fürs Radiodingsbums und auch für sich gefunden?«

»Nee, Lisa, hab ich nicht!« Lucas bleibt vor ihr stehen. »Weil, dann will ich ein größeres Dingsbums bauen, was noch viel besser funktioniert. Und wenn ich das geschafft hab, was bei mir wahrscheinlich nicht klappt, will ich noch was Tolleres bauen, kapiert? Wenn ich nämlich mal was angefangen habe, will ich immer weiter kommen!«

Lisa nickt, sehr friedlich, finde ich. Sie ist mal kurz die Kleinen los.

»Kapiert, Lucas, neue Erkenntnisse, neue Fragen. Ergo, du bist immerzu auf der Suche nach der Wahrheit.«

Lucas lässt seine Zahnspange glitzern. Man sieht deutlich, er freut sich über die Zustimmung von Lisa, die kriegt er nämlich selten.

»Lisa, beim Fußball ist's genauso! Jetzt kann ich prima kicken, aber ich will prima prima kicken, verstehste? Meine Wurst ist der Fußball, und dem kicke ich hinterher, und dann werd ich mal Weltmeister!« Und damit kickt er mit Schwung seinen Stuhl ins Blumenbeet. Den hole ich sofort wieder zurück. Mensch, Lucas, wir sind hier doch nicht daheim!

Der Prof hat interessiert zugehört, jetzt kichert er: »Das sei dir gegönnt, mein Freund. Jedoch, verzeih, dein Fußballvergleich ist ein bisschen schräg geraten. Fußball ist gewiss was Herrliches, ich liebe Fußball, aber eine Wahrheitssuche kann ich darin nicht recht erkennen. Können wir uns darauf einigen, dass Fußballspielen einfach nur Spaß macht und da der Beste sein zu wollen, auch? Nicht mehr, nicht weniger?«

»Können wir!«, lispelt Lucas und winkt lässig ab.

Und genau so lässig zuckt Lisa die Schultern und blinzelt sogar Lucas zu. Aus der Rechthaberin ist ja eine Verschwörerin geworden! Liegt das daran, dass wir kapiert haben, selber denken ist grundsätzlich wichtig, auch wenn's manchmal falsch ist?

Der Prof hat nichts gemerkt, er sitzt auf seinem Stuhl, zieht an seiner Pfeife und denkt nach.

»Wir Wissenschaftler sind zwar alle auf der Wahrheitssuche, wir haben aber inzwischen längst begriffen, dass wir die Wahrheit so nicht finden können. So nach dem Motto: *Oh, da ist sie ja!*

Nee, nee, wir können nur immer besser ausschließen. Das da, das Radiodingsbums vom Lucas war ein bisschen richtig, es muss aber was Richtigeres geben. Wir sind also sozusagen Ausschließer, wenn euch das was sagt. Die großen Denker damals waren viel anspruchsvoller in ihren Zielen. Die haben gedacht: Jetzt habe ich was begriffen, also ist es auch so! Wir wissen heute längst, nee, hat keinen Wert, denn demnächst gibt es wieder etwas Neues. Dem müssen wir uns stellen, neue Erkenntnis, neue Fragen, neues Versuchen.

Das, Freunde, macht den großen Unterschied aus von damals zu heute.«

Tim kratzt seinen Eisbecher aus und meinen auch noch und brummelt ins Gekratze hinein: »Mein Papa hätte jetzt gesagt ...«

Na klar, Tim, das musste ja kommen. Je näher du wieder deinem Papa rückst, rückt auch dein toller Papa wieder zu dir.

»Also, der hätte gesagt, die Wissenschaftler denken heute viele kleine Gedanken, weil, die großen Gedanken sind ja schon von den alten Griechen gedacht worden. Die kennt man ja schon. Die muss man ja nicht noch mal denken. Und wenn man was weiß, dann staunt man auch nicht mehr drüber. Und wenn man wieder staunen will, muss man klein, klein, klein weiterdenken, weil, die riesengroßen Gedanken von den Alten da in Griechenland, die packen wir sowieso nicht mehr. »Tim schleckt nachdenklich an seinem längst sauber geschleckten Eislöffel herum. »Die Wahrheit finden wir sowieso nicht, weil sich doch alles wandelt und immerzu Neues kommt, und dann ist das Alte ein alter Hut, und irgendwann wird das Neue auch zum alten Hut. Und was ist, wenn wir die Wahrheit wirklich mal gefunden haben und alles wissen, was es überhaupt zu wissen gibt? Dann wird's aber ziemlich langweilig, finde ich. Das Staunen können wir dann vergessen. Ja, das hätte jetzt mein Papa gesagt oder ...« Er blinzelt zu mir rüber. »Oder ich!«

Ich blinzele nicht nur zurück, ich strecke beide Daumen hoch!

Und mit mir der Prof: »Prima gedacht! Tim, in deinem Hirn, da steckt was drin. Da siehst du's mal, da werde ich vor Begeisterung noch zum Dichter. Wir können heute mit einer viel größeren Genauigkeit und viel mehr Wissen über die Naturgesetze sprechen, wovon die Griechen noch keine Ahnung hatten. Eben wegen der *klein, klein, klein*-Gedanken, wie du sagst. Man kann auch Forschung dazu sagen. Aber...«, er zieht mit dem Pfeifenstiel Kreise auf seiner Glatze, »sie hatten den großen Vorteil, dass sie, gerade weil sie nicht viel wissen konnten, ganze neue Weltbilder erschaffen haben. Die griechischen Philosophen waren viel mehr ganzheitliche Denker, als wir es heute sind. Ganzheitlich! Sagt euch das was?«

»Denken im großen Bogen!«, ruft Lisa und malt einen Riesenbogen mit ihren Armen in den Himmel. Da scheint ja gar keine Sonne mehr, sie ist verschwunden hinter grauschwarzen Wolken, die hängen tief, da hinten zuckt ja sogar ein Blitz, das haben wir gar nicht bemerkt. Der Prof merkt es auch jetzt nicht.

»Die großen, die allergrößten Gedanken, Lisa. Die konnten sie sich auch leisten, denn sie waren ja Anfänger. Die allerwichtigsten Anfänger, die wir haben.«

Und da tut's einen wüsten Schlag, ein Donner, genau über uns.

»Freunde, wir sehen ein Naturgesetz, es gibt ein Gewitter!«, ruft Lisa das, was der Prof auch hätte rufen können, und schon platscht es los. Und wie! Das ging aber schnell. Es schüttet, als wären alle Regenwolken auf einmal geplatzt.

»Alle Mann ins Auto!«, ruft der Prof, schiebt noch schnell Geldscheine unter seinen Kuchenteller, rennt los, wir hinterher.

Pudelnass drängeln wir uns ins Auto, der tropfende Prof hinters Steuer, und schon brausen wir los.

Der Abschied, beinah wär er schiefgegangen

»Das nenne ich doch einen höchst theatralischen Abschluss unseres Philosophie-Ausflugs, mit Blitz und Donner und Regenguss!«, ruft der Prof, und sch on patschen die Autoreifen durch Pfützen.

»Wäre ich noch der dumme alte Grieche, was würde ich mich wohl fürchten und mich im Haus verstecken?«

»Die Götter zürnen uns!«, schreit Lisa dem Prof ins Ohr. Zu laut prasselt der Regen aufs Autodach. Da ist schon die Auffahrt zur Autobahn, der Prof konzentriert sich, drum nickt er nur, biegt ab, und wir fahren die klatschnasse Autobahn entlang. Nein, wir schleichen. Der Prof mit streng gerunzelter Stirn, Blick geradeaus, die Götter zürnen immer lauter und immer nasser ...

Tim dreht sich um zu Lisa, von seiner Kappe tropft's, natürlich hat er es geschafft, sich neben den Prof zu quetschen. »Die Götter gibt's doch nicht, drum können sie auch nicht zürnen. Aber warum haben dann so viele Leute Angst bei Gewitter? Celia auch, stimmt's?«

»Weil die Naturgesetze sowohl Gutes wie auch Schlechtes für uns bewirken können«, ruft der Prof, aber weiter kommt er nicht. Celia! Laika! Wir brüllen alle durcheinander! Stopp! Stopp! Anhalten, Prof! Celia! Laika! Sie sind nicht da! Wir haben sie vergessen!

»Was?«, schreit der Prof und gibt Gas. »Tut mir das nicht an!« Jetzt schleichen wir nicht mehr, wir flitzen, dass die Pfützen spritzen. »Ich fass es nicht! Das hat mir gerade noch gefehlt! Haltet euch fest!«

Mit quietschenden Reifen geht's die nächste Ausfahrt wieder raus, wir müssen sofort zurück! Keiner sagt mehr was, ich glaub, uns ist allen ein bisschen schlecht. Wir haben Celia und Laika verloren, die sind ganz verlassen ohne uns, die heulen und winseln sich doch die Augen aus dem Kopf! Ganz bestimmt sind sie uns jetzt suchen gegangen, patschenass im Regen und finden uns nicht. Verlaufen sich bestimmt, hinterm Café, da war doch nix als Wald, wie sollen wir sie da denn finden? Bitte, Prof, mach was!

Der rast, als müsste er ein Rennen gewinnen und murmelt bloß immerzu: »Ich fass es nicht. Ich fass es nicht. Wie konnte das passieren?«

Ja, wie? Wir haben in die Luft hoch philosophiert und nicht aufgepasst, was zu unseren Füßen passiert, beim Thales von Milet war's doch ähnlich.

Lucas klebt am Autofenster und sucht die Straßen neben der Autobahn ab, als würden da jetzt Celia und Laika herumspazieren. Tim vorne ist zu einem Klumpen zusammengesunken und stöhnt und brummelt was von »Papa!«, Lisa hat Augen, riesengroß, und ihren Pferdeschwanz in den Mund gestopft. Ich greife nach ihrer Hand, die ist eiskalt. Lisa, nicht weinen! Denk an Kant, du weißt doch ...

Lisa nickt und quetscht mühsam mit einer Stimme, vollgestopft mit Pferdeschwanz und Tränen, raus: »Was kann ich wissen? Ich hab Celia verloren! Was soll ich tun? Sie suchen gehen, gleich! Was darf ich hoffen? Dass ich sie heil wiederfinde.« Und jetzt heult sie doch: »Und dann hau ich ihr den Popo voll!«

Mensch, Lisa, der Zwerg kann doch nichts dafür, wir sind doch schuld, aber ich merke schon, das bringt jetzt nix.

Da sind wir auch schon runter von der Autobahn, flitzen die Land-straße entlang, zurück zum Café, schnell, schnell. Da endlich bremst der Prof, beinahe mittendrin im Gärtchen, ein Strauch ist platt, springt sofort raus in den Regen, wir hinterher, er schaut sich hek-tisch um, wir auch. Keine Celia, keine Laika!

Der Prof stürzt in den Bäckerladen, wir hinterher, aber wir hätten gar nicht so zu stürzen brauchen, weil, da hocken heil und trocken Celia und Laika auf dem Schoß der Bäckersfrau und knabbern an Nussschnecken herum!

Der Prof lässt sich auf einen Stuhl fallen, so Zitterknie hab ich bei ihm noch nie gesehen. Nicht mal bei Lucas' Sturz vom Felsen.

»Himmel hat laut geschimpft, hab Angst gehabt, Laika auch!«, verkündet Celia mit vollem Mund. »Wollten Lisa suchen. Dann aber nicht mehr!« Lisa schnauft, als wäre sie kilometerweit gerannt. War sie wohl auch, in Gedanken, ihr Schwesterchen suchen.

Die prima Bäckersfrau lächelt breit und hebt Celia in die Arme von Lisa. Die drückt sie fest an sich, nix mehr von Popo voll. Tim schnappt sich die sabbernde Laika und ich schnappe mir die Hand vom Prof. Das braucht er jetzt und ich auch.

Mit einem riesigen Regenschirm begleitet uns die Bäckersfrau zum Auto, und als mein Prof was sagen will, ein Dankeschön oder so was, winkt sie ab und uns hinterher. Mit dem Regenschirm!

Endlich wirklich alle Mann an Bord! Der Riesenschreck ist vorbei, der zittert nur noch ein bisschen nach. Celia, auf dem Schoß von Lisa, krümelt ihr die Hose voll, und was macht Lisa? Drückt ganz rasch und heimlich einen Kuss in Celias Löckchen. Tim mit Laika hat sich neben sie gequetscht, Laika sabbert ihm den Rucksack voll, aber einen Kuss kriegt sie nicht. Lucas hält Beine und Arme ganz still, der Prof vor ihm darf nicht gestört werden.

Ich sitze neben meinem Prof, dreimal hat er geschaut, ob ich auch richtig angeschnallt bin. Jetzt schleichen wir wieder. Das langsamste Auto auf der verregneten Autobahn. Aber heim geht's trotzdem.

Das Gewitter hat sich verzogen, jetzt gießt es anderswo. Der Prof am Lenkrad sieht nachdenklich aus, ich glaube, wir auch. Er seufzt. »Lisa, sag mir, ist das in Ordnung so für dich und deine Eltern, dass Laika bei euch bleibt? Im Notfall behalte ich sie und hänge einen Zettel aus in der Uni. *Laika sucht Heimat!* In null Komma nichts ist sie in guten Händen.«

»Neee!«, kreischt Celia, und mit ihr ruft Lisa: »Neee!«

Tim und Lucas und ich kreischen mit!

Also, hätte der Prof jetzt seine Hände frei, was er nicht hat, dann hätte er sich bestimmt die Ohren zugehalten. So aber nickt er nur. »Alles klar, ich danke euch. Wenn's trotzdem Probleme gibt, ihr wisst, wo ihr mich finden könnt.«

Jetzt nicken wir. Probleme wird's nicht geben, aber finden möchten wir ihn schon sehr gerne wieder! Der Prof fährt schneller, bald kommt die Ausfahrt, und das heißt, bald kann man unser Zuhause schon sehen.

»Meine guten Freunde.« Der Prof hupt einen Autodrängler weg. »Da hilft ja nichts, die Trennung naht. Aber geheult wird nicht, versprochen? Das ertrag ich nämlich nicht. Oder hattet ihr das etwa gar nicht vor?«

»Neee!«, ruft Celia richtig vergnügt.

Wir anderen schweigen. Wir haben alle einen Kloß im Hals, und wenn man den nicht runterschlucken kann, dann platzt er aus den Augen raus, das hat er uns jetzt verboten.

Der Prof seufzt tief und murmelt hin zur Windschutzscheibe: »Ihr seid mir allesamt ans Herz gewachsen, wisst ihr das? In unserer philosophischen Campingzeit war alles drin, Freude und Schreck,

Spaß und Ärger. So intensiv, wie man das vermutlich nur mit Kindern erleben kann, ich werde das vermissen.«

Wir auch, Prof, wir auch! Und wenn du jetzt noch mehr so innige Worte sagst, dann tröpfelt's nicht bloß aufs Autodach, sondern auch hier drinnen.

Da ruft er laut und klatscht aufs Lenkrad: »Dann macht doch endlich den Mund auf und tröstet euren ollen Prof! Habe ich euch etwas Wichtiges vermitteln können, was ihr nach Hause mitnehmen könnt und in euer Leben? Und wenn dem so ist, bitte was?«

»Laika!«, schreit Celia sofort, und da müssen wir alle lachen, auch der Prof. Die Abschiedstränen sind weggelacht und ein wüstes Durcheinander-Geschwatze geht los:

»Naturgesetze gibt's auf der ganzen Welt und immer schon, schon längst vor uns.«

»Mal sind sie gut für uns, mal schlecht, da kann man nix machen.«
»Wir wollen staunen und fragen und denken, und dann wissen wir was, das wollen wir dann ausprobieren, und wenn's schief geht, probieren wir es anders aus. Dann wissen wir schon mehr, nämlich das, was nicht geklappt hat.«

»Durch Misserfolg zum Erfolg heißt das!«

»Wir sind bloß Denk-Zwerge auf den Schultern der Denk-Riesen, und das waren die alten Griechen, und später kamen noch andere Denk-Riesen, heute aber weniger, glaube ich. Aber vielleicht kommt da doch auch wieder so einer und wir müssen nagelneu denken?«

»Die Natur kann ohne uns leben, aber wir nicht ohne sie. Sie beschenkt uns immerzu, aber davon weiß sie nichts. Weil, sie kann nicht denken.«

»Wir können denken, weil wir im Kopf eine Philosophie haben können, die kann uns sagen, was richtig ist oder falsch.« »Philosophieren heißt denken, das ist wie Kitzeln im Kopf.«

»Ohne Philosophie hätte es keine Wissenschaften gegeben, die Philosophie ist die dicke Mama der Wissenschaft. Weil, wenn wir nicht neugierig weitergedacht und ausprobiert hätten, hätten wir nie was erfinden können oder rausgekriegt, was es mit dem Blitz und Donner auf sich hat.«

»Und wenn mein Papa sagt, Zimmer aufräumen ist wichtiger als denken, dann schicke ich ihn zu dir, und ich komm mit!«

Unser Prof hat konzentriert den Verkehr beobachtet, aber noch konzentrierter hat er uns die ganze Zeit zugehört. Jetzt lacht er laut. »Könnte es sein, dass Tims Papa während unseres gemeinsamen Denkens ein wenig kleiner geworden ist und unser Tim gewachsen? Aber im Ernst, eure Gedankensplitter haben mich erfreut, auch wenn sie ziemlich unsortiert dahergekommen sind. Da hängt was fest in euren Köpfen, was euch neu war und jetzt logisch scheint. Denkt weiter so, Freunde, und handelt danach, das ist das Allerwichtigste. So, und das ist das etwas groß geratene Schlusswort eures euch liebenden Prof, nehmt's mir nicht übel, das musste sein.«

Da sind wir auch schon angekommen, vorm Haus, wo Lisa und Celia wohnen, und jetzt auch Laika. Und wo unsere Eltern uns abholen werden, so war's ausgemacht. Der Prof bremst und putzt seine Brille. Der Regen hat aufgehört, eine Weile sagt keiner was. Ich glaub, wenn wir Brillen hätten, täten wir die jetzt auch putzen! Besonders leider ich.

Aber da ist mein Prof schon ausgestiegen und am Kofferraum und ruft: »Raus, Freunde, tschüss und so weiter, Abschied nehmen liegt mir nicht!« Und schon stehen wir draußen, Rucksäcke, Schlafsäcke, Picknickkörbe um uns herum, und sehen aus wie ausgesetzt.

Der Prof im Auto fährt los, er winkt, wir winken hinterher. Stumm und ziemlich schwächlich oder traurig? Kann man auch traurig winken? Ja, man kann.

Da dreht er plötzlich um und streckt den Kopf zum Autofenster raus und grinst und zwinkert uns zu: »Jetzt habe ich doch glatt das Celia-Gummimonster auf meinem Autodach vergessen. Das bringe ich euch zurück, gut so?« Mit einem Reifenquietschen ist er weg.

Und sofort wird aus unserem lahmen Tschüss-Gewinke ein fröhliches! Wir winken lange, besonders ich. Mensch, Prof, du bist der beste Prof, den ich kenne.

Wir sehen uns wieder!

Gudrun Mebs, Harald Lesch
Erzähl mir was vom Himmel und der Erde

ca. 176 Seiten, ISBN 978-3-570-15290-4

Warum fällt der Mond nicht auf die Erde? Wie entstehen Wolken? Und: gibt es wirklich Leben im Weltall? Die kleine Ida wünscht sich zum Geburtstag endlich jemanden, der all ihre Fragen zum Himmel und der Erde beantworten kann und tatsächlich bekommt sie einen echten Professor „geschenkt", der dem Geburtstagskind und ihren Freunden die Welt erklären soll.

Zusammen mit dem renommierten Physiker, Prof. Dr. Harald Lesch, hat die preisgekrönte Autorin Gudrun Mebs ein Kinderbuch geschrieben, in dem sie nicht nur eine spannende Geschichte erzählt. Spielerisch werden hier „so ganz nebenbei" Fragen zur Entstehung der Erde, den einzelnen Planeten und dem Sternenhimmel beantwortet.

www.cbj-verlag.de